Émilie Laraison

Genial kochen mit dem Reiskocher

90 einfache und
überraschende Rezepte
für Reisgerichte,
Suppen, Pasta,
Gemüse, Fleisch,
Fisch und Desserts

riva

EINFÜHRUNG

Finden Sie, dass Ihr Reiskocher eigentlich nur Platz auf der Arbeitsplatte wegnimmt, weil er nur hin und wieder zum Reiskochen gebraucht wird? Dann täuschen Sie sich! Im Reiskocher lässt sich nämlich vieles zubereiten, und das supereinfach! In diesem Buch sind natürlich Rezepte mit Reis enthalten, aber auch für Gemüse, Nudeln und zahlreiches Getreide, für Fleisch, Fisch und sogar Desserts.

Die 90 Rezepte wurden speziell für den Reiskocher ausgearbeitet. Sie brauchen für die Gerichte keine anderen Küchengeräte, sondern fast ausschließlich Ihren Reiskocher.

Es gibt verschiedene Modelle von Reiskochern. Die Rezepte in diesem Buch habe ich alle mit einem einfachen Gerät gekocht, bestehend aus dem Gartopf, einem einsetzbaren Dämpfkorb und einem Deckel für den Garbehälter. Sollten Sie noch keinen Reiskocher besitzen und sich einen anschaffen wollen, können Sie das einfachste Modell wählen, das erfüllt absolut seinen Zweck.

Wer nur eine kleine Küche hat, wenige Utensilien benutzen möchte und schnell köstliche und abwechslungsreiche Gerichte zaubern will, der hält das richtige Buch in den Händen. Sie werden überrascht sein, was man mit einem einfachen Reiskocher alles machen kann!

... supereinfach!

Dieses Buch ist für jede Art von Reiskocher mit Dämpfkorb geeignet. Sie brauchen kein hoch entwickeltes Modell, die einfachsten und preiswertesten Geräte sind ausreichend und in entsprechenden Geschäften oder im Internet ab rund 20 Euro erhältlich. Die meisten Reiskocher beginnen, sich aufzuheizen, sobald der Stecker in der Steckdose ist, und gehen automatisch in den Warmhaltemodus, sobald sich keine Flüssigkeit mehr im Topf befindet. Sie müssen also nur den Stecker des Reiskochers in die Steckdose stecken, damit das Gerät aufheizt und kocht. Einige hochwertige Geräte besitzen hingegen einen Schalter, mit dem Sie den Reiskocher ein- und ausschalten können. In diesem Fall müssen Sie einfach den Schalter betätigen, damit es losgehen kann.

INHALT

SUPPENTOPF

Für 4 Personen

Vorbereitungszeit: 20 Min.

Kochzeit: 40 Min.

2 Speiserüben

3 Möhren

1 Stange Lauch

1 Kräutersträußchen

150 g Räucherspeck

Salz, Pfeffer

5 Stängel Petersilie

1 Das Gemüse schälen, putzen und waschen. Die Rüben in Stücke, die Möhren in Scheiben und den Lauch in Ringe schneiden.

2 Das Gemüse in den Gartopf legen. 750 ml Wasser zugießen, das Kräutersträußchen und den Speck dazugeben, salzen und pfeffern. Den Deckel auflegen und den Reiskocher einschalten.

3 Suppentopf 40 Minuten garen. Speck und Kräutersträußchen herausnehmen. Petersilie waschen, trocken schütteln und hacken. Die Suppe mit Petersilie bestreut in Suppenschüsseln servieren.

Zu der Suppe können Sie in Olivenöl geröstete Croûtons reichen.

TOMATENSUPPE
mit Parmesan, Basilikum und Pinienkernen

Für 4 Personen

Vorbereitungszeit: 20 Min.

Kochzeit: 40 Min.

1 kg reife Tomaten
1 Zwiebel
2 Knoblauchzehen
1 kleines Bund Basilikum
2 EL Tomatenmark
2 Gemüsebrühwürfel
2 EL Olivenöl
4 EL geriebener Parmesan
3 EL Pinienkerne

1 Die Tomaten waschen und häuten. Anschließend klein würfeln. Zwiebel und Knoblauch schälen und hacken. Das Basilikum waschen, trocken schütteln und hacken.

2 Tomaten, Zwiebel, Knoblauch, Tomatenmark und Gemüsebrühwürfel in den Gartopf geben. Das Olivenöl und 1 ½ l Wasser zugießen. Den Deckel auflegen und den Reiskocher einschalten.

3 Nach 30 Minuten ¾ des Basilikums dazugeben und Suppe dann weitere 10 Minuten kochen lassen. Mit Parmesan, Pinienkernen und dem restlichen Basilikum bestreut servieren.

So lassen sich Tomaten ganz leicht häuten: Die Tomaten ein paar Sekunden in siedendes Wasser tauchen (in einem Topf oder dem Reiskocher), anschließend sofort in eine Schüssel mit kaltem Wasser legen. Nun lässt sich die Haut mit einem Messer gut abziehen.

RAVIOLISUPPE

Für 4 Personen

Vorbereitungszeit: 15 Minuten

Kochzeit: 30 Minuten

1 Zucchini

2 Möhren

1 Schalotte

1 Knoblauchzehe

1 Bund Schnittlauch

2 Hühnerbrühwürfel

1 EL Olivenöl

300 g frische Ravioli

1 Die Zucchini waschen, putzen und klein würfeln. Die Möhren schälen, putzenund ebenfalls in kleine Würfel schneiden. Schalotte und Knoblauch schälen und hacken. Den Schnittlauch waschen, trocken schütteln und in feine Röllchen schneiden.

2 Das vorbereitete Gemüse mit den Brühwürfeln und dem Olivenöl in den Gartopf geben. 1 l Wasser zugießen. Den Deckel auflegen und den Reiskocher einschalten. Suppe 30 Minuten kochen lassen.

3 Das Gerät in den Warmhaltemodus schalten, die Ravioli und den Schnittlauch dazugeben und 2 Minuten ziehen lassen.

Noch leckerer schmeckt die Suppe, wenn Sie sie vor dem Servieren mit etwas geriebenem Parmesan oder einem anderen geriebenen Käse bestreuen.

GEMÜSESUPPE
mit Buchstabennudeln

Für 4 Personen

Vorbereitungszeit: 15 Min.

Kochzeit: 20 Min.

4 reife Tomaten
1 Aubergine
2 Zucchini
1 Zwiebel
1 Knoblauchzehe
1 Gemüsebrühwürfel
2 EL Olivenöl
250 g Buchstabennudeln

1 Die Tomaten, die Aubergine und die Zucchini waschen, putzen und klein würfeln. Zwiebel und Knoblauch schälen und hacken.

2 Das vorbereitete Gemüse und den Brühwürfel in den Gartopf geben. Das Olivenöl und 1 l Wasser zugießen. Den Deckel auflegen und den Reiskocher einschalten. Suppe 20 Minuten kochen lassen.

3 6 Minuten vor Ende der Kochzeit die Nudeln dazugeben. Die Suppe zum Servieren in Suppenschüssel verteilen.

Bei Verwendung eines Brühwürfels ist die Zugabe von Salz nicht nötig.

WINTERSUPPE

Für 4 Personen

Vorbereitungszeit: 15 Min.

Kochzeit: 30 Min.

4 Möhren

6 Kartoffeln

1 Knollensellerie

1 Zwiebel

2 geräucherte Schweinsbratwürste

1 Gemüsebrühwürfel

einige Stängel Petersilie

1 Die Möhren und die Kartoffeln schälen, putzen, waschen und klein würfeln. Sellerie putzen, waschen und ebenfalls in Würfel schneiden. Die Zwiebel schälen und hacken. Die Würste in dicke Scheiben schneiden.

2 Das vorbereitete Gemüse, die Wurstscheiben und den Brühwürfel in den Gartopf geben. 1 ½ l Wasser zugießen. Den Deckel auflegen und den Reiskocher einschalten. Suppe 30 Minuten kochen lassen.

3 Die Petersilie waschen, trocken schütteln und hacken. Die Suppe mit Petersilie bestreut in Suppenschüsseln servieren.

Cremiger wird die Suppe, wenn Sie 5 Minuten vor Ende der Kochzeit 2–3 EL Crème fraîche einrühren.

ROTE-LINSEN-SUPPE

Für 4 Personen

Vorbereitungszeit: 5 Min.

Kochzeit: 40 Min.

250 g rote Linsen

1 EL Tomatenmark

1 TL Currypulver

1 EL zerstoßene Koriandersamen

Salz, Pfeffer

200 ml Kokosmilch

10 Stängel Koriander

1 Die Linsen in einem Sieb waschen, abtropfen lassen und in den Gartopf geben. Tomatenmark, Currypulver und Koriandersamenzufügen. Salzen und pfeffern. 700 ml Wasser angießen. Den Deckel auflegen und den Reiskocher einschalten. Suppe 35 Minuten kochen lassen.

2 Am Ende der Kochzeit die Kokosmilch zugießen und die Suppe noch 5 Minuten erwärmen lassen.

3 Koriander waschen, trocken schütteln und hacken. Die Suppe mit Koriander bestreut in Suppenschüsseln servieren.

Linsen enthalten viel pflanzliches Eiweiß. Durch die Zugabe von gehackten Cashewkernen sind diese Proteine besser verdaulich, wichtig insbesondere bei einer rein vegetarischen Ernährung.

SÜSSKARTOFFEL-SUPPE *mit Kurkuma*

Für 4 Personen

Vorbereitungszeit: 15 Min.

Kochzeit: 20 Min.

2 große Süßkartoffeln

1 Stange Lauch, nur der weiße Teil

2 Knoblauchzehen

200 g Quinoa

1 TL gemahlener Kurkuma

2 Hühnerbrühwürfel

10 g Butter (1 walnussgroßes Stück)

10 Stängel Petersilie

Salz, Pfeffer

1 Die Süßkartoffeln schälen, waschen und klein würfeln. Den weißen Teil des Lauchs putzen, waschen und in dünne Ringe schneiden. Den Knoblauch schälen und hacken.

2 Das vorbereitete Gemüse in den Gartopf legen. Quinoa in einem Sieb waschen, abtropfen lassen und mit Kurkuma, Brühwürfeln und Butter dazugeben. 1 l Wasser angießen. Den Deckel auflegen und den Reiskocher einschalten. Suppe 20 Minuten kochen lassen.

3 Die Petersilie waschen, trocken schütteln und hacken. Die Suppe mit Salz und Pfeffer abschmecken und mit Petersilie bestreut in Suppenschüsseln servieren.

Kaufen Sie feste und intakte
Süßkartoffeln in schönem Orange, denn
die enthalten die meisten Nährstoffe.

MINESTRONE

Für 4 Personen

Vorbereitungszeit: 20 Min.

Kochzeit: 40 Min.

2 Kartoffeln
2 Möhren
2 Tomaten
1 Knoblauchzehe
1 Zwiebel
100 g grüne Bohnen
100 g weiße Bohnen (aus der Dose)
1 Kräutersträußchen
1 Hühnerbrühwürfel
Salz, Pfeffer
2 EL Olivenöl
150 g kleine Nudeln
einige Stängel Basilikum
100 g geriebener Parmesan

1 Kartoffeln und Möhren schälen, waschen und klein würfeln. Tomaten waschen und in Stücke schneiden. Knoblauch und Zwiebel schälen und hacken. Grüne Bohnen putzen, waschen und in Stücke schneiden. Die weißen Bohnen in ein Sieb gießen, abspülen und abtropfen lassen.

2 Kartoffeln, Möhren, Tomaten, Knoblauch, Zwiebel, Kräutersträußchen und den Brühwürfel in den Gartopf geben. Salzen und pfeffern. Das Olivenöl und 1 l Wasser angießen. Den Deckel auflegen und den Reiskocher einschalten. Suppe 40 Minuten kochen lassen.

3 10 Minuten vor Ende der Kochzeit die Nudeln, die weißen und die grünen Bohnen dazugeben.

4 Basilikum waschen, trocken schütteln und hacken. Suppe mit Basilikum und Parmesan bestreut servieren.

Bereiten Sie die Minestrone ruhig mit den Gemüsesorten zu, die gerade Saison haben (Erbsen, Zucchini, Kohl, Stangensellerie). Vor dem Servieren 1 TL grünes Pesto in jeden Suppenteller geben.

MISO-SUPPE

Für 4 Personen

Vorbereitungszeit: 15 Min.

Kochzeit: 15 Min.

1 Blatt Wakame-Algen

250 g Tofu

2 Frühlingszwiebeln

2 TL Dashi-Pulver

100 g Miso-Paste

1 Das Algenblatt in 3 cm große Quadrate schneiden. Den Tofu würfeln. Die Frühlingszwiebeln putzen, waschen und in Ringe schneiden.

2 Algen, Dashi-Pulver und Miso-Paste in den Gartopf geben und mit 1 l Wasser übergießen. Den Deckel auflegen und den Reiskocher einschalten. Suppe 15 Minuten kochen lassen.

3 2 Minuten vor Ende der Kochzeit Tofu und Frühlingszwiebeln dazugeben. Die fertige Suppe in Suppenschüsseln servieren.

Für zusätzliche Ballaststoffe können Sie noch einige frische Shiitake-Pilze in die Suppe geben.

RAMEN-SUPPE
mit Huhn

Für 4 Personen

Vorbereitungszeit: 20 Min.

Kochzeit: 30 Min.

2 Möhren

2 Hähnchenbrustfilets

1 Blatt Wakame-Algen

2 Frühlingszwiebeln

2 Knoblauchzehen

100 g Miso-Paste

gemahlener Ingwer nach Geschmack

2 TL Sesamöl

3 EL Sojasauce

150 g Tofu

400 g Ramen-Nudeln

einige Blättchen Koriander und Schnittlauchröllchen

1 Die Möhren putzen, waschen und würfeln. Die Hähnchenbrustfilets in dünne Scheiben schneiden. Das Wakame-Blatt in 3 cm große Quadrate zerteilen. Die Frühlingszwiebeln putzen, waschen und in feine Ringe schneiden. Den Knoblauch schälen und hacken.

2 Möhren und die Hälfte der Frühlingszwiebeln mit 1 ½ l Wasser in den Gartopf geben. Wakame, Knoblauch, Misopaste, Ingwer, Sesamöl, Sojasauce und Hähnchenfleisch dazufügen. Den Deckel auflegen und den Reiskocher einschalten. Suppe 30 Minuten kochen lassen.

3 3 Minuten vor Ende der Kochzeit die Ramen-Nudeln, den klein gewürfelten Tofu und die restlichen Frühlingszwiebeln dazugeben.

4 Suppe mit Koriander und Schnittlauch bestreut in großen Suppenschüsseln servieren.

Traditionell wird eine Ramen-Suppe mit einem halbierten hart gekochten Ei serviert. Die Eier können Sie vorab im Reiskocher garen. Dazu 10 Minuten im mit Salzwasser gefüllten Gartopf kochen.

PHO-SUPPE

Für 4 Personen

Vorbereitungszeit: 20 Min.

Kochzeit: 30 Min.

300 g Rindfleisch

1 Bund Koriander

1 Bund Schnittlauch

1 Rinderbrühwürfel

4 EL Nuoc Mam (vietnamesische Fischsauce)

4 EL Sojasauce

1 TL gemahlener Ingwer

400 g Reisnudeln

1 Limette

1 Das Rindfleisch in feine Streifen schneiden. Koriander und Schnittlauch waschen, trocken schütteln und klein schneiden.

2 1 l Wasser in den Gartopf des Reiskochers füllen. Den Brühwürfel, Nuoc Mam, Sojasauce, Ingwer, ¾ vom Schnittlauch und vom Koriander dazugeben. Den Deckel auflegen und den Reiskocher einschalten. Suppe 30 Minuten kochen lassen.

3 3 Minuten vor Ende der Kochzeit die Nudeln einrühren.

4 Die Nudeln zuunterst in Suppenschüsselen verteilen, das Rindfleisch daraufgeben, dann beides mit der Brühe übergießen. Die Limette auspressen, etwas Saft in die Suppe träufeln und die restlichen Kräutern darüberstreuen.

Wer es gerne scharf mag, kann vor dem Servieren in dünne Ringe geschnittene grüne Chili in die Suppe geben.

SUPPE
mit Shrimps und Zitronengras

Für 6 Personen

Vorbereitungszeit: 20 Min.

Kochzeit: 20 Min.

500 g rohe Shrimps

2 Frühlingszwiebeln

2 Stängel Zitronengras

10 Champignons

30 g frischer Ingwer

einige Stängel Koriander

5 Kaffir-Limetten-Blätter

1 EL Nuoc Mam (vietnamesische Fischsauce)

2 Hühnerbrühwürfel

1 TL Chilipaste (optional)

Saft von 1 Limette

1 Die Shrimps schälen und entdarmen, dann beiseite stellen. Frühlingszwiebeln putzen, waschen und in dünne Ringe schneiden. Vom Zitronengras die harten Außenblätter entfernen, die Enden abschneiden und die Stängel in 3 cm große Stücke zerteilen. Die Champignons putzen und in Scheiben schneiden. Den Ingwer schälen und ebenfalls in Scheiben schneiden. Den Koriander waschen, trocken schütteln und die Blätter abzupfen.

2 1 ½ l Wasser in den Gartopf gießen. Frühlingszwiebeln, Zitronengras, Kaffir-Limetten-Blätter, Nuoc Mam, Brühwürfel, Ingwer und optional die Chilipaste dazugeben. Den Deckel auflegen und den Reiskocher einschalten. Die Suppe 20 Minuten kochen lassen.

3 2 Minuten vor Ende der Kochzeit Shrimps und Champignons zufügen.

4 Die Suppe auf Suppenschüsseln verteilen. Mit etwas Limettensaft beträufeln und mit Koriander bestreuen.

Noch aromatischer und cremiger wird die Suppe, wenn Sie mit den Shrimps und den Champignons 250 ml Kokosmilch zugeben.

HARIRA

Für 4 Personen

Vorbereitungszeit: 20 Min.

Kochzeit: 30 Min.

1 Möhre

1 Kartoffel

1 Zucchini

1 Tomate

1 Zwiebel

150 g Rindfleisch (Bauchlappen)

10 Stängel Koriander

10 Stängel Petersilie

2 EL Kichererbsen (aus der Dose)

3 EL Tomatenmark

1 Rinderbrühwürfel

1 EL Ras el-Hanout

1 Prise gemahlener Safran

Salz, Pfeffer

1 Möhre und Kartoffel schälen, waschen und würfeln. Zucchini und Tomate waschen und ebenfalls in Würfel schneiden. Zwiebel schälen und in dünne Scheiben schneiden. Fleisch in 2 cm große Würfel schneiden. Koriander und Petersilie waschen, trocken schütteln und klein zupfen. Kichererbsen in ein Sieb gießen, abspülen und abtropfen lassen.

2 Möhre, Kartoffel, Zucchini, Tomate, Zwiebel, Fleisch, Tomatenmark, Kichererbsen, Brühwürfel, Ras el-Hanout, Safran, Petersilie und 3/4 vom Koriander in den Gartopf geben. 1 l Wasser angießen. Salzen und pfeffern. Den Deckel auflegen und den Reiskocher einschalten. Suppe 30 Minuten kochen lassen.

3 Suppe mit dem restlichen Koriander bestreut in Suppenschüsseln servieren.

Für dieses Rezept gibt es zahlreiche Varianten. Sie können z. B. Fadennudeln, Linsen oder Zitronensaft zugeben.

KLEBREIS

Für 4 Personen

Vorbereitungszeit: 3 Min.

Ruhezeit: 10 Std.

Kochzeit: 25 Min.

200 g Klebreis

1 Den Reis in ein Sieb geben, mehrmals mit Wasser durchspülen, bis das abtropfende Wasser klar bleibt. Dann in eine Schüssel füllen, mit Wasser bedecken und über Nacht stehen lassen.

2 1 l Wasser in den Topf des Reiskochers gießen. Den Dämpfkorb mit einem Backpapier auslegen und den Reis einfüllen.

3 Das Gerät einschalten und den Reis 25 Minuten kochen.

Dieser Reis passt wunderbar zu Fleisch- und Fischgerichten und zu Gemüse. Da er nicht gesalzen wird, können Sie ihn mit Sojasauce genießen.

KRÄUTERREIS

Für 4 Personen

Vorbereitungszeit: 5 Min.

Kochzeit: 15 Min.

300 g Langkornreis

1 Zwiebel

5 Stängel Koriander

5 Stängel glatte Petersilie

5 Stängel Schnittlauch

50 g Butter

1 Hühnerbrühwürfel

Salz

50 g geriebener Parmesan

1 Den Reis in ein Sieb geben und mit kaltem Wasser spülen. Die Zwiebel schälen und in dünne Scheiben schneiden. Die Kräuter waschen, trocken schütteln und hacken.

2 Butter, Zwiebel, die Hälfte der frischen Kräuter, Reis, Brühwürfel und 630 ml Wasser in den Gartopf des Reiskochers geben.

3 Salzen, umrühren und den Deckel auflegen. Den Reiskocher einschalten und den Reis kochen lassen, bis das Gerät in den Warmhaltemodus umschaltet.

4 Reis mit Parmesan und restlichen Kräutern bestreut sofort servieren.

Für dieses Gericht eignen sich alle Kräuter,
ganz nach Belieben und Verfügbarkeit.

TOMATENREIS

Für 4 Personen

Vorbereitungszeit: 15 Min.

Kochzeit: 30 Min.

300 g Langkornreis

4 Tomaten

1 Zwiebel

5 Stängel Petersilie

50 ml Olivenöl

1 Hühnerbrühwürfel

1 Den Reis in ein Sieb geben und mit kaltem Wasser spülen. Die Tomaten waschen, den Strunk entfernen und das Fruchtfleisch würfeln. Zwiebel schälen und in dünne Scheiben schneiden. Petersilie waschen, trocken schütteln und hacken.

2 Olivenöl, Zwiebel, Reis und zuletzt die Tomaten in den Gartopf geben.

3 Brühwürfel und 630 ml Wasser zufügen. Deckel auflegen, den Reiskocher einschalten und kochen lassen, bis das Gerät in den Warmhaltemodus schaltet.

4 Reis mit Petersilie bestreut in tiefen Tellern servieren.

Sie können den Tomatenreis noch mit frisch geriebenem Parmesan bestreuen.

KANTONESISCHER REIS

Für 4 Personen

Vorbereitungszeit: 15 Min.

Kochzeit: 15 Min.

3 Frühlingszwiebeln

1 EL Olivenöl

150 g gekochter Schinken

2 Eier

300 g Basmati-Reis

150 g TK-Erbsen

Salz

5 Stängel Schnittlauch

3 EL Sojasauce

2 EL Nuoc Mam (vietnamesische Fischsauce)

Pfeffer

1 Frühlingszwiebeln putzen, waschen und in feine Ringe schneiden. Mit dem Olivenöl im Gartopf des Reiskochers anbraten. Den Schinken würfeln, mit den Eiern dazugeben und mit einem Holzlöffel vermischen.

2 Den Reis in ein Sieb geben, mit kaltem Wasser spülen und mit den Erbsen, 500 ml Wasser und etwas Salz in den Topf geben. Kochen lassen, bis das Gerät in den Warmhaltemodus schaltet.

3 Schnittlauch waschen, trocken schütteln und klein schneiden. Sojasauce und Nuoc Mam in den Topf gießen, dann den Schnittlauch zufügen. Reis mit Pfeffer würzen und sofort servieren.

Im Frühling können Sie für dieses
Rezept frische Erbsen verwenden.

REIS
nach Art einer Paella

Für 4 Personen

Vorbereitungszeit: 10 Min.

Kochzeit: 25 Min.

1 Zwiebel

2 Hähnchenbrustfilets

1 EL Olivenöl

1 Tütchen Paella-Gewürz

300 g Langkornreis

80 g TK-Erbsen

Salz

16 geschälte Shrimps

100 g Chorizo-Wurst

1 Die Zwiebel schälen und in dünne Scheiben schneiden. Die Hähnchenbrustfilets in Stücke schneiden. Das Olivenöl in den Gartopf des Reiskochers geben und das Fleisch mit der Zwiebel darin anbraten. Das Paella-Gewürz mit einem Holzlöffel untermischen.

2 Den Reis in ein Sieb geben und spülen. Dann mit den Erbsen in den Topf geben und 2–3 Minuten untermischen.

3 Salz und 500 ml Wasser zufügen, den Deckel auflegen und das Ganze kochen lassen, bis das Gerät in den Warmhaltemodus schaltet.

4 Shrimps und die in Scheiben geschnittene Chorizo-Wurst dazugeben und alles gut vermengen.

Das Hähnchenbrustfilet können Sie auch durch Tintenfischringe ersetzen.

REIS *mit Shrimps und grünem Gemüse*

Für 4 Personen

Vorbereitungszeit: 10 Min.

Kochzeit: 30 Min.

16 geschälte Shrimps

1 EL Olivenöl

80 g Zuckerschoten

80 g Dicke Bohnen (aus dem Glas)

300 g Wildreis

Salz

Pfeffer

2 EL Erdnüsse

1 Die Shrimps mit Olivenöl im Gartopf des Reiskochers anbraten. Zuckerschoten waschen, Bohnen abtropfen lassen, beides in den Topf geben und unter Rühren mit einem Holzlöffel 2 Minuten mitbraten.

2 Den Reis in ein Sieb geben und mit kaltem Wasser spülen. Zusammen mit 360 ml Wasser und etwas Salz in den Topf geben. Den Deckel des Reiskochers auflegen und den Reis kochen lassen, bis das Gerät in den Warmhaltemodus schaltet.

3 Den Reis in Schüsseln verteilen und mit frisch gemahlenem Pfeffer und grob gehackten Erdnüssen bestreut servieren.

Die Erdnüsse können Sie auch durch Sesam ersetzen.

SUSHI-REIS
und Lachs

Für 4 Personen

Vorbereitungszeit: 20 Min.

Kochzeit: 20 Min.

300 g Rundkornreis

Salz

4 Lachsfilets

1 Gurke

1 Bund Koriander

4 EL Reisessig

2 Prisen Zucker

1 EL Sesam

Für die Sauce

4 TL Wasabi

8 EL Sojasauce

1 Den Reis in ein Sieb geben und mit kaltem Wasser spülen. Mit 400 ml Wasser und etwas Salz in den Gartopf füllen. Den Reiskocher einschalten und kochen lassen, bis das Gerät in den Warmhaltemodus schaltet.

2 Den Lachs in kleine Würfel schneiden. Die Gurke waschen und ebenfalls klein würfeln. Den Koriander waschen, trocken schütteln und klein schneiden.

3 Wenn der Reis fertig gekocht ist, Essig und Zucker untermischen.

4 Den Reis in Schalen füllen, mit Lachs und Gurke belegen und mit Sesam und Koriander bestreuen.

5 Die Sauce in 4 Schälchen zubereiten. Hierfür jeweils 1 TL Wasabi mit 2 EL Sojasauce vermischen. Zum Reis servieren.

REIS
mit Lachs und Kokosmilch

Für 4 Personen

Vorbereitungszeit: 25 Min.

Kochzeit: 18 Min.

300 g Vollkornreis
Salz
600 g frischer Lachs
Saft von 1 Limette
200 ml Kokosmilch
Pfeffer
5 Stängel Koriander
2 EL Mohnsamen

1 Den Reis in ein Sieb geben und mit kaltem Wasser spülen. Mit 500 ml Wasser und etwas Salz in den Gartopf füllen. Den Deckel auflegen, den Reiskocher einschalten und 10 Minuten kochen lassen.

2 Den Lachs würfeln und mit Limettensaft und Kokosmilch zum Reis geben. Weitere 8 Minuten garen. Salzen, pfeffern und gut durchmischen.

3 Koriander waschen, trocken schütteln und klein schneiden. Reis auf tiefe Teller verteilen, mit Mohnsamen, frisch gemahlenem Pfeffer und Koriander bestreuen.

Statt Koriander können Sie Dill oder Schnittlauch verwenden.

REIS
mit Huhn und Ananas

Für 4 Personen

Vorbereitungszeit: 15 Min.

Kochzeit: 23 Min.

4 Hähnchenbrustfilets

4 EL Olivenöl

Salz, Pfeffer

300 g dreifarbige Reismischung

1 Ananas

50 g Cashewkerne

5 Stängel Koriander oder Basilikum

1 Das klein geschnittene Hähnchenfleisch mit Olivenöl in den Gartopf des Reiskochers geben und anbraten. Mit Salz und Pfeffer würzen und 2 Minuten unter Rühren mit einem Holzlöffel weiterbraten.

2 Den Reis in ein Sieb geben und mit kaltem Wasser spülen. Dann zum Hühnerfleisch in den Topf geben. 500 ml Wasser und etwas Salz zufügen. Den Deckel des Reiskochers auflegen und den Reis kochen lassen, bis das Gerät in den Warmhaltemodus schaltet.

3 Ananas schälen und in Stücke schneiden. Am Ende der Kochzeit zum Reis geben.

4 Die Cashewkerne grob hacken, Koriander oder Basilikum waschen, trocken schütteln und klein schneiden. Den Reis auf Teller verteilen und mit Kräutern und Cashewkernen bestreuen.

Zu diesem exotischen Rezept passen auch klein gewürfelte Paprikaschoten gut.

RISOTTO *mit Jakobsmuscheln und Spinat*

Für 6 Personen

Vorbereitungszeit: 15 Min.

Kochzeit: 30 Min.

- 2 Zwiebeln
- 100 ml Olivenöl
- 200 g Jakobsmuschelfleisch
- 200 g Babyspinat
- 500 g Rundkornreis
- 200 ml Weißwein
- 2 Hühnerbrühwürfel
- Salz, Pfeffer
- 250 g Mascarpone
- 20 Stängel Schnittlauch
- 150 g geriebener Parmesan
- 1 TL rosa Pfefferkörner

1 Die Zwiebeln schälen, in dünne Scheiben schneiden, mit dem Olivenöl in den Gartopf geben und goldgelb anbraten, Das Muschelfleisch dazugeben und 5 Minuten garen. Das Muschelfleisch herausnehmen und beiseite stellen.

2 Den Spinat waschen und grob hacken. Den Reis in ein Sieb schütten und mit kaltem Wasser spülen. Spinat, Reis, Weißwein, 700 ml Wasser und die Brühwürfel in den Topf geben, salzen, pfeffern und alles gut mischen. Den Deckel des Reiskochers auflegen und den Reis kochen lassen, bis das Gerät in den Warmhaltemodus schaltet. Während der Kochzeit mehrmals mit einem Holzlöffel umrühren.

3 Wenn der Reis fertig gekocht ist, den Mascarpone unterrühren. Den Schnittlauch waschen, trocken schütteln und klein schneiden.

4 Den Reis auf tiefe Teller verteilen und die Jakobsmuscheln darauf anrichten. Mit Parmesan, zerstoßenem rosa Pfeffer und Schnittlauch bestreut servieren.

Sie können auch eine selbst gemachte Gemüsebrühe verwenden
oder den Mascarpone durch Crème fraîche ersetzen.

KÜRBIS-RISOTTO *mit Coppa*

Für 6 Personen

Vorbereitungszeit: 30 Min.

Kochzeit: 20 Min.

1 Hokkaido-Kürbis

500 g Rundkornreis

200 ml Weißwein

2 Hühnerbrühwürfel

Pfeffer

250 g Mascarpone

18 Scheiben Coppa (italienischer Schinken)

50 g gehackte Haselnüsse

150 g geriebener Parmesan

1 Den Kürbis waschen, die Kerne entfernen und das Fruchtfleisch würfeln.

2 Den Reis in ein Sieb schütten und mit kaltem Wasser spülen. Mit dem Kürbis, Weißwein, 1 l Wasser und den Brühwürfeln in den Gartopf geben, mit Pfeffer würzen und alles gut vermischen. Den Deckel des Reiskochers auflegen und alles kochen lassen, bis das Gerät in den Warmhaltemodus schaltet. Während der Kochzeit mehrmals mit einem Holzlöffel umrühren.

3 Wenn der Reis fertig ist, den Mascarpone einrühren, damit der Risotto cremiger wird.

4 Den Reis auf tiefe Teller verteilen, die Coppa darauf anrichten, mit Haselnüssen und Parmesan bestreuen.

Statt der Schinkenspezialität Coppa können Sie Parmaschinken wählen.

RISOTTO
mit Huhn und Champignons

Für 6 Personen

Vorbereitungszeit: 10 Min.

Kochzeit: 30 Min.

3 Hähnchenbrustfilets

300 g Champignons

3 EL Olivenöl

500 g Rundkornreis

200 ml Weißwein

2 Hühnerbrühwürfel

Pfeffer

250 g Mascarpone

150 g geriebener Parmesan

1 Die Hähnchenbrustfilets klein würfeln. Die Champignons putzen und in dünne Scheiben schneiden.

2 Hähnchenfleisch und Champignons mit Olivenöl in den Gartopf des Reiskochers geben und anbraten.

3 Den Reis dazugeben und 2 Minuten unter Rühren mit einem Holzlöffel mitbraten. Weißwein und 1 l Wasser angießen, Brühwürfel dazugeben, mit Pfeffer würzen und alles gut vermischen. Den Deckel des Reiskochers auflegenund den Risotto garen, bis das Gerät in den Warmhaltemodus schaltet. Während der Kochzeit mehrmals mit einem Holzlöffel umrühren.

4 Wenn der Reis fertig ist, Mascarpone und Parmesan unterrühren.

5 Reis in Schalen anrichten und sofort servieren.

Versuchen Sie statt der Champignons mal japanische Shiitake-Pilze. Außerdem können Sie 2 EL Sojasauce zugeben.

ZUCCHINI-RISOTTO *mit Ricotta*

Für 6 Personen

Vorbereitungszeit: 20 Min.

Kochzeit: 45 Min.

3 Zucchini

3 EL Olivenöl

500 g Rundkornreis

200 ml Weißwein

2 Hühnerbrühwürfel

Pfeffer

150 g Ricotta

150 g Mascarpone

150 g geriebener Parmesan

1 Zucchini putzen, waschen und in Würfel schneiden. Mit dem Olivenöl in den Gartopf des Reiskochers geben und anbraten.

2 Den Reis dazugeben und unter Rühren mit einem Holzlöffel 2 Minuten mitbraten.

3 Weißwein und 1 l Wasser angießen, Brühwürfel dazugeben, mit Pfeffer würzen und alles gut vermischen. Den Deckel des Reiskochers auflegen und Risotto kochen lassen, bis das Gerät in den Warmhaltemodus schaltet. Während der Kochzeit mehrmals mit einem Holzlöffel umrühren.

4 Ricotta und Mascarpone unterrühren.

5 In tiefen Tellern anrichten und mit Parmesan bestreuen.

Dazu passt auch klein geschnittenes Basilikum.

TOMATEN-RISOTTO
mit Mozzarella und Basilikum

Für 6 Personen

Vorbereitungszeit: 15 Min.

Kochzeit: 30 Min.

4 mittelgroße Tomaten

20 Stängel Basilikum

500 g Rundkornreis

3 EL Olivenöl

200 ml Weißwein

2 Hühnerbrühwürfel

Pfeffer

150 g Mozzarella

150 g Mascarpone

150 g geriebener Parmesan

1 Tomaten waschen und klein würfeln. Basilikum waschen, trocken schütteln und klein schneiden.

2 Den Reis mit dem Olivenöl in den Gartopf des Reiskochers geben und anbraten, dann Tomaten, Weißwein, 1 l Wasser und Brühwürfel zufügen, mit Pfeffer würzen und alles gut vermischen. Den Deckel des Reiskochers auflegen und Risotto kochen lassen, bis das Gerät in den Warmhaltemodus schaltet. Während der Kochzeit mehrmals mit einem Holzlöffel umrühren.

3 Den Mozzarella abtropfen lassen und klein schneiden. Zuerst den Mascarpone einrühren, dann den Mozzarella.

4 Den Risotto auf Schüsseln verteilen. Mit Parmesan bestreuen. Mit Pfeffer würzen und mit Basilikum garnieren.

Außerhalb der Saison können Sie Tomaten aus der Dose verwenden, die ebenfalls lecker schmecken. So können Sie auf den Sommer warten, ohne auf Tomaten verzichten zu müssen.

BUTTERNUT-RISOTTO

Für 6 Personen

Vorbereitungszeit: 30 Min.

Kochzeit: 20 Min.

1 Butternut-Kürbis
3 EL Olivenöl
500 g Rundkornreis
200 ml Weißwein
2 Hühnerbrühwürfel
Pfeffer
200 g Mascarpone
100 g Comté
150 g geriebener Parmesan
10 Stängel Schnittlauch

1 Den Kürbis waschen, die Kerne entfernen, das Fruchtfleisch würfeln, mit dem Olivenöl in den Gartopf des Reiskochers geben und anbraten. Den Reis zufügen und unter Rühren mit einem Holzlöffel 2 Minuten mitbraten.

2 1 l Wasser und den Weißwein angießen, Brühwürfel dazugeben, mit Pfeffer würzen und alles gut vermischen. Den Deckel des Reiskochers auflegen und Risotto kochen lassen, bis das Gerät in den Warmhaltemodus schaltet. Während der Kochzeit mehrmals mit einem Holzlöffel umrühren.

3 Mascarpone und den in dünne Scheiben geschnittenen Comté einrühren, dann den Parmesan. Alles gut mit einem Holzlöffel vermengen. Schnittlauch waschen, trocken schütteln und klein schneiden.

4 Den Risotto auf tiefe Teller verteilen. Mit Schnittlauch und Pfeffer bestreuen und sofort servieren.

Wer sich einen kräftigeren Geschmack wünscht, ersetzt den Comté durch Roquefort!

RISOTTO
mit getrockneten Tomaten, Chorizo und Dicken Bohnen

Für 6 Personen

Vorbereitungszeit: 15 Min.

Kochzeit: 20 Min.

1 Chorizo-Wurst

300 g Dicke Bohnen (aus dem Glas)

3 EL Olivenöl

500 g Rundkornreis

2 Hühnerbrühwürfel

Pfeffer

10 getrocknete Tomaten (in Öl eingelegt)

150 g geriebener Parmesan

1 Die Chorizo-Wurst in dünne Scheiben schneiden.

2 Dicke Bohnen abtropfen lassen, mit dem Olivenöl in den Gartopf des Reiskochers geben und anbraten. Den Reis zufügen und unter Rühren mit einem Holzlöffel 2 Minuten mitbraten.

3 1 l Wasser und die Brühwürfel dazugeben, mit Pfeffer würzen und alles gut vermischen. Den Deckel des Reiskochers auflegen und Risotto kochen lassen, bis das Gerät in den Warmhaltemodus schaltet. Während der Kochzeit mehrmals mit einem Holzlöffel umrühren.

4 Die Tomaten klein schneiden. Kurz vor dem Servieren die Tomaten und anschließend die Wurstscheiben unter den Risotto heben. Mit Parmesan bestreut servieren.

Dazu passen noch klein geschnittene Kräuter wie Schnittlauch, Petersilie oder Koriander.

ENTENCONFIT-RISOTTO

Für 6 Personen

Vorbereitungszeit: 20 Min.

Kochzeit: 35 Min.

700 g Entenconfit

3 Schalotten

3 EL Olivenöl

500 g Rundkornreis

1 Gemüsebrühwürfel

Pfeffer

200 g getrocknete Tomaten (ohne Öl)

1 Das Entenconfit zerpflücken und beiseite stellen.

2 Die Schalotten schälen und in dünne Scheiben schneiden. Mit dem Olivenöl in den Gartopf des Reiskochers geben und anbraten.

3 Den Reis zufügen, unter Rühren mit einem Holzlöffel 2 Minuten mitbraten. 1 l Wasser angießen, Brühwürfel dazugeben, mit Pfeffer würzen und alles gut vermischen. Den Deckel des Reiskochers auflegen und Risotto kochen lassen, bis das Gerät in den Warmhaltemodus schaltet. Während der Kochzeit mehrmals mit einem Holzlöffel umrühren.

4 Wenn der Reis fertig ist, das Entenconfit und die in Streifen geschnittenen getrockneten Tomaten untermischen.

Zu dem Risotto passt gut Rucola oder auch Babyspinat, entweder roh oder zum Schluss kurz mitgegart.

HÖRNCHENNUDELN
mit Schinken und Käse

Für 4 Personen

Vorbereitungszeit: 10 Min.

Kochzeit: 22 Min.

1 EL Olivenöl

Salz

400 g Hörnchennudeln

4 Scheiben gekochter Schinken

10 Stängel Schnittlauch

150 g geriebener Emmentaler

2 EL Crème fraîche

Pfeffer

1 1 $^1/_2$ l Wasser in den Gartopf füllen, Olivenöl und Salz dazugeben. Den Deckel auflegen und das Gerät einschalten.

2 Nach 2 Minuten den Deckel öffnen und die Nudeln ins Wasser gleiten lassen. 20 Minuten ohne Deckel garen, dabei alle 2 Minuten mit einem Holzlöffel umrühren.

3 Den Schinken in Streifen schneiden. Den Schnittlauch waschen, trocken schütteln und klein schneiden. Das Nudelwasser abgießen, die Nudeln mit Schinken, Emmentaler, Crème fraîche und Schnittlauch vermischen. Pfeffern und sofort servieren.

Während des Garens Nudeln immer wieder umrühren, damit sie nicht zusammenkleben.

FARFALLE
mit Zucchini und Champignons

Für 4 Personen

Vorbereitungszeit: 10 Min.

Kochzeit: 25 Min.

1 Zwiebel

2 Zucchini

200 g Champignons

5 Stängel Petersilie

1 EL Olivenöl

400 g Farfalle

Salz

1 Knoblauchzehe

Pfeffer

50 g geriebener Parmesan

1 Die Zwiebel schälen und klein schneiden. Zucchini putzen, waschen und würfeln. Champignons putzen und in dünne Scheiben schneiden. Petersilie waschen, trocken schütteln und klein schneiden.

2 Das Öl in den Gartopf geben, Zwiebeln, Zucchini und Champignons hinzufügen, dann die Farfalle und etwas Salz. 1 l Wasser angießen, den Deckel auflegen und das Gerät einschalten. Alles 25 Minuten kochen lassen.

3 Den Kochvorgang beenden. Die geschälte und gehackte Knoblauchzehe einrühren. Mit Pfeffer würzen. Vor dem Servieren mit Parmesan und Petersilie bestreuen.

Es ist wichtig, zuerst das Öl und das Gemüse in den Topf zu geben, damit die Nudeln nicht am Boden kleben.

PENNE
mit Thunfisch

Für 4 Personen

Vorbereitungszeit: 10 Min.

Kochzeit: 15 Min.

1 Gemüsebrühwürfel

1 Knoblauchzehe

Salz

400 g Penne

5 Stängel Schnittlauch

2 Dosen Thunfisch in Öl

50 g geriebener Parmesan

Saft und Zesten von 1 Bio-Zitrone

Pfeffer

1 1 $^{1}/_{2}$ l Wasser in den Gartopf gießen, Brühwürfel und die geschälte und gehackte Knoblauchzehe sowie etwas Salz dazugeben. Den Deckel des Reiskochers auflegen und das Gerät einschalten.

2 Wenn das Wasser kocht, die Nudeln ins Wasser gleiten lassen und laut Packungsangabe bissfest garen.

3 Das Nudelwasser bis auf einen kleinen Rest abgießen.

4 Schnittlauch waschen, trocken schütteln und klein schneiden. Den Thunfisch abtropfen lassen, etwas zerpflücken und in den Topf geben. Nudeln mit Parmesan und Zitronenzesten bestreuen und mit Zitronensaft beträufeln. Zuletzt mit Pfeffer würzen und mit Schnittlauch bestreuen.

Zum Servieren können Sie die Penne mit einigen ganzen oder klein geschnittenen schwarzen Oliven garnieren.

SPAGHETTI
mit Chili-Shrimps

Für 4 Personen

Vorbereitungszeit: 5 Min.

Kochzeit: 15 Min.

1 Knoblauchzehe

5 Stängel Basilikum

20 Kirschtomaten

1 Gemüsebrühwürfel

2 EL Olivenöl

Salz

400 g Spaghetti

250 g geschälte Shrimps

1/2 TL Piment d'Espelette oder Chilipulver

50 g geriebener Parmesan

1 Die Knoblauchzehe schälen und hacken. Basilikum waschen, trocken schütteln und klein schneiden. Die Kirschtomaten waschen und halbieren.

2 1 l Wasser in den Gartopf füllen, den Brühwürfel dazugeben. Olivenöl, Knoblauch und etwas Salz zufügen.

3 Spaghetti, Kirschtomaten, Shrimps und Piment d'Espelette dazugeben. Den Deckel des Reiskochers auflegen und alles 10 Minuten kochen lassen.

4 Direkt vor dem Servieren mit Parmesan und Basilikum bestreuen.

Das Basilikum vorzugsweise erst ganz zum Schluss dazugeben, damit es schön grün und frisch bleibt.

SPAGHETTI
mit Huhn und Bacon

Für 4 Personen

Vorbereitungszeit: 20 Min.

Kochzeit: 15 Min.

3 Hähnchenbrustfilets
150 g Bacon
5 Stängel Estragon
1 EL Olivenöl
Salz
400 g Spaghetti
150 g Crème fraîche
Pfeffer

1 Die Hähnchenbrustfilets in kleine Stücke, den Bacon in Streifen schneiden. Den Estragon waschen, trocken schütteln und klein schneiden.

2 Hähnchen und Bacon mit dem Olivenöl in den Gartopf geben und 5 Minuten anbraten, dann auf einem Teller beiseite stellen.

3 Den Topf auswaschen, dann 1 ½ l Wasser hineingießen, salzen und aufkochen. Die Spaghetti ins Kochwasser geben und laut Packungsangabe bissfest garen.

4 Hähnchenfleisch, Bacon und Crème fraîche unter die Spaghetti rühren.

5 Nudeln mit Estragon und Pfeffer bestreut sofort servieren.

Wer Knoblauch mag, gibt am Ende der Kochzeit mit der Crème fraîche noch etwas gepressten Knoblauch dazu.

GEMÜSE-TAGLIATELLE

Für 4 Personen

Vorbereitungszeit: 5 Min.

Kochzeit: 15 Min.

100 g Speck

Olivenöl

10 g Spargel

100 g Brokkoli

100 g enthülste Erbsen

350 g Tagliatelle

Salz

100 g Doppelrahm-Frischkäse mit Kräutern (z. B. Boursin)

Pfeffer

1 Den Speck in Streifen schneiden, mit einigen Tropfen Olivenöl in den Gartopf geben und ca. 5 Minuten anbraten. Dann auf einem Teller beiseite stellen.

2 Spargel putzen, waschen und in kurze Stücke schneiden. Brokkoli in Röschen zerteilen und waschen.

3 Spargel, Brokkoli, Erbsen, Tagliatelle und 1 l Wasser in den Gartopf geben, mit Salz würzen und alles 10 Minuten kochen lassen. Dann das Wasser abgießen.

4 Den Doppelrahm-Frischkäse und die Speckwürfel unterrühren. Salzen, pfeffern und alles gut vermischen.

Statt Kräuterfrischkäse können Sie normalen Frischkäse oder Crème fraîche einrühren.

REISNUDELN
à la Pad Thai

Für 6 Personen

Vorbereitungszeit: 20 Min.

Kochzeit: 15 Min.

3 Hähnchenbrustfilets

2 EL Olivenöl

1 Knoblauchzehe

2 EL Nuoc Mam (vietnamesische Fischsauce)

1 TL Chilipulver

3 Eier

Salz, Pfeffer

300 g Reisnudeln

2 Frühlingszwiebeln

5 Stängel Koriander

5 Stängel Minze

3 TL Erdnüsse

2 Limetten

1 Die Hähnchenbrustfilets in Streifen schneiden und mit Olivenöl, geschältem und gehacktem Knoblauch, Nuoc Mam und Chilipulver im Gartopf etwa 5 Minuten anbraten.

2 Die Eier über das Hähnchenfleisch aufschlagen, salzen, pfeffern und untermischen. Auf einem Teller beiseite stellen.

3 Den Topf des Reiskochers auswaschen. Die Reisnudeln hineingeben und mit Wasser bedecken. 10 Minuten kochen lassen. Das Wasser abgießen, anschließend die Hähnchenmischung unterheben.

4 Die Frühlingszwiebeln putzen, waschen und in Ringe schneiden. Die Kräuter waschen, trocken schütteln und klein schneiden. Die Erdnüsse grob hacken.

5 Die Reisnudeln auf Teller verteilen. Mit Frühlingszwiebeln, Kräutern und Erdnüssen bestreut servieren. Die Limetten zum Würzen nach Belieben dazustellen.

Statt der Erdnüsse passen auch Cashewkerne gut.

CHINESISCHE NUDELN
mit Paprika

Für 4 Personen

Vorbereitungszeit: 5 Min.

Kochzeit: 15 Min.

1 grüne Paprikaschote

1 rote Paprikaschote

1 kleines Stück frischer Ingwer

1 Zwiebel

300 g Filet Mignon

3 EL Olivenöl

350 g chinesische Nudeln

2 EL Sojasauce

Pfeffer

2 EL Cashewkerne

5 Stängel Koriander

1 Die Paprikaschoten putzen, waschen und klein schneiden. Ingwer schälen und reiben.

2 Die Zwiebel schälen und in dünne Scheiben schneiden. Das Filet klein schneiden. Beides mit dem Olivenöl in den Gartopf geben und ca. 5 Minuten anbraten. Auf einem Teller beiseite stellen.

3 Den Topf auswaschen. Anschließend die Nudeln und 1 l Wasser hineinfüllen und 10 Minuten kochen.

4 Wasser abgießen. Dann Paprika, Fleisch, Sojasauce und Ingwer unter die Nudeln mischen. Mit Pfeffer würzen.

5 Die Cashewkerne hacken. Den Koriander waschen, trocken schütteln und die Blättchen abzupfen. Nudeln mit Cashewkernen und Koriander bestreut servieren.

Anstelle der Cashewkerne machen sich auch Mandeln gut.

FUSILLI
mit Lachs und Babyspinat

Für 4 Personen

Vorbereitungszeit: 5 Min.

Kochzeit: 10 Min.

100 g Babyspinat

300 g frischer Lachs

350 g Fusilli

100 g Sahne

Saft von 1 Zitrone

Salz, Pfeffer

1 Spinat waschen und Lachs in Würfel schneiden. 1 l Wasser in den Gartopf gießen, die Fusilli, den Spinat und Lachs dazugeben.

2 Den Deckel auflegen und den Reiskocher einschalten. 10 Minuten kochen lassen.

3 Sahne und Zitronensaft dazugeben, mit Salz und Pfeffer würzen und alles gut vermischen.

Statt des frischen Lachses können Sie 4 Scheiben Räucherlachs in Streifen schneiden und am Ende der Kochzeit zugeben.

DREI-KÄSE-MAKKARONI

Für 4 Personen

Vorbereitungszeit: 5 Min.

Kochzeit: 10 Min.

Salz

400 g Makkaroni

150 g Comté

150 g Gorgonzola

150 g Parmesan

10 Stängel Schnittlauch

40 g Butter

100 g Crème fraîche

Pfeffer

1 1 l Wasser, Salz und Makkaroni in den Gartopf geben, den Deckel auflegen und den Reiskocher einschalten. Die Makkaroni laut Packungsangabe bissfest garen.

2 Den Comté und den Gorgonzola würfeln. Den Parmesan reiben. Den Schnittlauch waschen, trocken schütteln und klein schneiden.

3 Wenn die Makkaroni fertig sind, Butter, Comté, Gorgonzola und Crème fraîche einrühren und schmelzen lassen.

4 Nudeln auf Teller verteilen, mit Pfeffer würzen. Mit Parmesa und Schnittlauch bestreuen.

Für dieses Rezept können Sie jede beliebige Käsesorte verwenden. Eine gute Möglichkeit, um Käsereste aufzubrauchen.

GNOCCHI mit Tomatensauce

Für 4 Personen

Vorbereitungszeit: 25 Min.

Kochzeit: 53 Min.

800 g Kartoffeln

Salz

1 Ei

150 g Mehl

1 Zwiebel

1 Knoblauchzehe

2 EL Öl

1 Dose geschälte Tomaten

1 Kräutersträußchen

100 g geriebener Parmesan

1 Die Kartoffeln schälen, waschen und mit 1 l Salzwasser in den Gartopf geben. 40 Minuten kochen, dann in ein Sieb abgießen. Kartoffeln in einer Schüssel mit einer Gabel oder einer Kartoffelpresse zerdrücken, dann das Ei gut untermischen.

2 Nach und nach das Mehl mit den Händen einarbeiten. Aus dem Teig lange Rollen formen und diese in ca. 2 cm große Stücke schneiden. Gnocchi mit den bemehlten Händen in Form bringen.

3 Den Topf auswaschen, Wasser hineingießen und 5 Minuten erhitzen. Die Gnocchi hineinlegen und ca. 3 Minuten ziehen lassen. Gnocchi mit einem Schaumlöffel herausheben und auf einem Teller warm halten.

4 Den Topf leeren, auswaschen und die Tomatensauce darin zubereiten. Zwiebel und Knoblauch schälen und hacken, Beides mit dem Olivenöl, den abgetropften Tomaten, dem Kräutersträußchen und etwas Salz 10 Minuten im Topf kochen.

5 Gnocchi in der Sauce aufwärmen, auf Teller verteilen und mit Parmesan bestreuen.

Wer Lust auf Gnocchi, jedoch zu wenig Zeit für die Vorbereitung hat, kauft fertige Gnocchi und beginnt mit Schritt 3.

QUINOA-SALAT
mit Feta, Avocado und Süßkartoffeln

Für 4 Personen

Vorbereitungszeit: 15 Min.

Kochzeit: 15 Min.

300 g Süßkartoffeln

200 g Quinoa

Salz

2 Avocados

130 g Feta

10 Stängel Basilikum

2 EL Olivenöl

Saft von 1/2 Zitrone

Pfeffer

1 Die Süßkartoffeln schälen, waschen und würfeln. Die Quinoa in ein Sieb füllen und unter kaltem Wasser spülen, dann abtropfen lassen. Quinoa, Süßkartoffeln und 375 ml Salzwasser in den Gartopf füllen. Den Deckel auflegen und den Reiskocher einschalten. Alles 15 Minuten kochen lassen und anschließend auf einem Teller abkühlen lassen.

2 Die Avocados schälen, entkernen und ebenso wie den Feta in kleine Würfel schneiden. Basilikum waschen, trocken schütteln und in Streifen schneiden.

3 Olivenöl, Zitronensaft, Salz und Pfeffer in einer Schüssel zu einem Dressing verrühren.

4 Quinoa, Süßkartoffeln, Avocado, Feta und Basilikumblätter in einer Schüssel vermischen. Das Dressing unterheben und Salat sofort servieren.

Am besten lässt sich Quinoa in einem feinen trichterförmigen Sieb waschen. Dabei die Körnchen unter fließendem kalten oder lauwarmen Wasser 1–2 Minuten zwischen den Fingern reiben.

GEDÜNSTETE AUBERGINEN
mit Sojasauce

Für 4 Personen

Vorbereitungszeit: 20 Min.

Kochzeit: 30 Min.

300 g Wildreis mit 30 Minuten Kochzeit

Salz

1 große Aubergine (oder 2 kleine)

3 EL Sojasauce

Sesam

10 Stängel Schnittlauch

150 g Frischkäse (oder Hüttenkäse)

Saft von 1/2 Limette

Pfeffer Olivenöl

60 g Rucola

1 Den Reis in den Gartopf geben und 600 ml Salzwasser zugießen.

2 Die Aubergine waschen, putzen und halbieren. Das Fruchtfleisch mit einem kleinen spitzen Messer gitterförmig leicht einschneiden. Mit Sojasauce einpinseln, mit Sesam bestreuen und in den Dämpfkorb legen. Den Dämpfkorb in den Reiskocher einsetzen, den Deckel auflegen und den Reiskocher einschalten. Aubergine 30 Minuten garen.

3 Schnittlauch waschen, trocken schütteln und klein schneiden. Mit dem Frischkäse und 1 TL Limettensaft in einer Schüssel verrühren. Salzen und pfeffern. Dann kühl stellen.

4 In einer kleinen Schüssel Olivenöl, etwas Zitronensaft, 1 Prise Salz und 1 Prise Pfeffer vermischen. Den Rucola verlesen, waschen und mit dem Dressing anmachen.

5 Am Ende der Garzeit die Auberginenhälften halbieren und jeweils auf einem Teller anrichten. 1 TL Frischkäse darauf verteilen. Dazu Wildreis und Rucola reichen.

Auberginen enthalten viel Wasser und Ballaststoffe, aber wenig Kalorien. Somit sind sie der ideale Verbündete, wenn es um Gesundheit und die schlanke Linie geht.

VOLLKORNREIS
mit Zuckerschoten und Möhren

Für 4 Personen

Vorbereitungszeit: 10 Min.

Kochzeit: 30 Min.

4 Möhren

300 g Vollkornreis

Salz

100 g Zuckerschoten

1 EL Haselnussöl

Pfeffer

einige Stängel Koriander

Parmesanspäne

1 Die Möhren schälen, waschen und in Stäbchen schneiden.

2 Den Reis in den Gartopf füllen, die Möhren, 600 ml Wasser und etwas Salz dazugeben. Den Deckel auflegen und den Reiskocher einschalten. Alles 30 Minuten kochen lassen.

3 7 Minuten vor Ende der Kochzeit die gewaschenen Zuckerschoten, das Haselnussöl, Salz und Pfeffer untermischen. Den Deckel wieder schließen.

4 Koriander waschen, trocken schütteln und klein schneiden. Reis auf Teller verteilen und mit Parmesanspänen und Koriander bestreuen.

Essen Sie öfter mal Vollkornreis statt weißem Reis, denn er ist nicht raffiniert und reich an Antioxidantien, Ballaststoffen und Mineralstoffen. Sein leicht nussiger Geschmack wird hier durch das Haselnussöl unterstrichen, das ebenfalls Antioxidantien enthält.

GRAUPEN mit Tomate

Für 4 Personen

Vorbereitungszeit: 20 Min.

Kochzeit: 30 Min.

1 große Tomate

2 Schalotten

250 g Perlgraupen

Salz, Pfeffer

Kräuter der Provence

2 EL Olivenöl

einige Basilikumblätter

1 Die Tomate häuten (siehe Seite 8), den Strunk entfernen. Die Schalotten schälen und in dünne Scheiben schneiden.

2 Die Graupen in den Gartopf schütten. Schalotten und 500 ml Wasser dazugeben. Die Tomate auf die Graupen setzen, salzen, pfeffern und mit Kräutern der Provence bestreuen.

3 Den Deckel aufsetzen, den Reiskocher einschalten und alles 30 Minuten kochen. Dann gut vermischen, dabei das Olivenöl zugeben und die Tomate zerdrücken. Mit Basilikumblättchen garniert servieren.

Wenn Sie Zeit haben, nehmen Sie Vollkorngraupen. Diese müssen zwar 1 Stunde kochen, enthalten aber mehr Vitamine, Mineralstoffe, Ballaststoffe, Fette und Eiweiß.

QUINOA *mit Herbstgemüse*

Für 4 Personen

Vorbereitungszeit: 20 Min.

Kochzeit: 30 Min.

1 Hokkaido- oder anderer Kürbis
2 Pastinaken
200 g Quinoa
1 Brokkoli
1 Handvoll Rosinen
100 g Rotkohl
2 EL Olivenöl
1 TL körniger Senf
1 TL Aceto balsamico
Sesam

1 Den Hokkaido waschen, entkernen und in Würfel schneiden. Die Pastinaken schälen, waschen und ebenfalls würfeln. Die Pastinaken in den Gartopf geben und 375 ml Wasser angießen. Den Deckel auflegen und Pastinaken 15 Minuten kochen.

2 Nach 15 Minuten Quinoa und Kürbis dazugeben. Weitere 15 Minuten kochen lassen.

3 Den Brokkoli waschen und die Röschen abschneiden. 5 Minuten vor Ende der Kochzeit die Rosinen einrühren, die Brokkoliröschen in den Dämpfkorb legen und diesen in den Reiskocher einsetzen. Den Deckel aufsetzen.

4 Den Rotkohl putzen, waschen und in dünne Streifen schneiden. Aus Olivenöl, Senf und Essig eine Vinaigrette zubereiten und den Kohl damit anmachen.

5 Alle Zutaten hübsch auf Tellern anrichten und mit Sesam bestreuen.

Sie können auch alle Zutaten gesondert garen und dann in einer großen Schüssel nach Art einer Buddha Bowl anrichten! Dafür braucht es jedoch etwas mehr Zeit …

WEIZENSALAT
mit Tomaten und Thunfisch

Für 4 Personen

Vorbereitungszeit: 20 Min.

Kochzeit: 25 Min.

250 g vorgekochter Weizen (z. B. Ebly® Sonnenweizen)

Salz

250 g Kirschtomaten

1 Dose Thunfisch im eigenen Saft

1 Bio-Zitrone

3 EL Olivenöl

1 TL Senf

einige Stängel Petersilie

1 kleine Handvoll gehackte Pistazien

2 EL Sesam

Pfeffer

1 Den Weizen mit 750 ml Wasser und etwas Salz in den Gartopf füllen. Den Deckel auflegen und den Reiskocher einschalten. Weizen 25 Minuten kochen (oder nach Packungsanweisung). Dann durch ein Sieb abgießen und abkühlen lassen.

2 Die Tomaten waschen und halbieren. Den Thunfisch abtropfen lassen und etwas zerpflücken. Die Zitrone waschen, die Schale abreiben und den Saft auspressen.

3 Aus Olivenöl, Senf und 1 EL Zitronensaft in einer Schüssel eine Vinaigrette zubereiten. Petersilie waschen, trocken schütteln und klein schneiden.

4 Den Weizen in eine Schüssel geben, Thunfisch, Kirschtomaten, Pistazien, Sesam, Zitronenschale, Vinaigrette und Petersilie dazugeben. Mit Salz und Pfeffer abschmecken. Alles gut mischen und bis zum Verzehr kühl stellen.

Wählen Sie am besten Thunfisch, der mit Handangeln und damit ohne Beifang gefischt wurde.

BULGUR
auf marokkanische Art

Für 4 Personen

Vorbereitungszeit: 10 Min.

Kochzeit: 25 Min.

4 Möhren
250 g Bulgur
2 EL Olivenöl
Salz
Tajine-Gewürz
20 entsteinte Dörrpflaumen
1 kleines Bund Koriander

1 Die Möhren schälen, waschen und in Scheiben schneiden. Wasser in den Gartopf gießen und den Dämpfkorb einsetzen. Die Möhren in den Einsatz geben. Den Deckel aufsetzen und den Reiskocher einschalten. Gemüse 20 Minuten kochen, dann das Wasser abgießen und die Möhren beiseite stellen.

2 Den Bulgur und das Olivenöl in eine Schüssel geben und mit einem Holzspatel vermischen. Salzen und Tajine-Gewürz einrühren.

3 Den Bulgur, die Möhren und die ganzen Dörrpflaumen in den Gartopf füllen. 500 ml Wasser zugießen. Den Deckel auflegen und den Reiskocher einschalten. 5 Minuten kochen lassen.

4 Koriander waschen, trocken schütteln und etwas zerkleinern. Den Bulgur noch einmal abschmecken und mit Koriander bestreut auf Tellern anrichten.

Das Gericht können Sie nach Belieben durch Zugabe von Rosinen, Kichererbsen oder gehobelten Mandeln verfeinern.

LINSEN *mit Schellfisch*

Für 4 Personen

Vorbereitungszeit: 20 Min.

Kochzeit: 30 Min.

2 Schalotten

1 Zwiebel

400 g Linsen

1 Kräutersträußchen

Salz, Pfeffer

200 g geräucherter Schellfisch

1 EL Olivenöl

1 EL Senf

einige Stängel Estragon

1 Schalotten und Zwiebel schälen und in dünne Scheiben schneiden. Die Linsen in den Gartopf füllen, Schalotten, Zwiebel, Kräutersträußchen und 1 ½ l Wasser zugeben. Salzen und pfeffern. Den Deckel auflegen und den Reiskocher einschalten. Linsen 30 Minuten kochen.

2 Den Schellfisch in kleine Stücke schneiden und mit dem Olivenöl zu den Linsen geben. Untermischen und 2 Minuten auf den Warmhaltemodus schalten.

3 Am Ende der Kochzeit den Senf einrühren, das Linsengericht noch mal abschmecken und auf tiefe Teller verteilen. Mit etwas gewaschenem, klein geschnittenem Estragon bestreuen.

Den Schellfisch können Sie vorab entsalzen, indem Sie ihn 30 Minuten in kalte Milch einlegen.

WÜRZIGER COUSCOUS *mit Minze*

Für 4 Personen

Vorbereitungszeit: 5 Min.

Kochzeit: 5 Min.

Ruhezeit: 5 Min.

200 g Couscous

2 EL Olivenöl

Salz

1 Prise Ras el-Hanout

20 Blättchen frische Minze

1 Den Couscous in einer Schüssel gründlich mit dem Olivenöl vermischen, sodass jedes Korn mit Öl überzogen ist. Salzen.

2 200 ml Wasser in den Topf gießen und aufkochen. Den Reiskocher ausschalten. Couscous und Ras el-Hanout in den Topf geben und gut vermischen. Den Deckel auflegen und Couscous 5 Minuten ruhen lassen. Währenddessen Minze waschen, trocken schütteln und die Blätter in Streifen schneiden

3 Den Couscous in eine Schüssel füllen und mit einer Gabel etwas auflockern. Mit Minze bestreut servieren.

Wenn Sie den Couscous vor dem Kochen mit Olivenöl mischen, kleben die Körner nicht zusammen. So wird der Couscous schön locker.

WEIZENSALAT
mit Rote Bete, Bündnerfleisch und Rucola

Für 4 Personen

Vorbereitungszeit: 10 Min.

Kochzeit: 12 Min.

Salz

250 g vorgekochter Weizen (z. B. Ebly® Sonnenweizen)

2 Rote Bete (vorgegart)

80 g Bündnerfleisch

100 g Rucola

4 EL Olivenöl

1 EL Aceto balsamico

1 TL Senf

Pfeffer

einige Blättchen Basilikum

1 1 $^{1}/_{2}$ l Wasser in den Topf gießen, salzen. Den Deckel auflegen und den Reiskocher einschalten. Nach 2 Minuten den Deckel öffnen und den Weizen in den Topf geben. 10 Minuten kochen lassen, dann in ein Sieb abgießen und abkühlen lassen.

2 Die Rote Bete würfeln, das Bündnerfleisch in Streifen schneiden. Rucola verlesen, waschen und trocken schütteln.

3 In einer Schüssel eine Vinaigrette aus Olivenöl, Essig und Senf zubereiten. Alle vorbereiteten Zutaten in einer Salatschüssel mit der Vinaigrette vermischen. Salzen und pfeffern. Mit gewaschenen Basilikumblättchen bestreuen.

Für eine süßliche Note können Sie einige Rosinen dazugeben.

BUCHWEIZEN *mit Käse*

Für 4 Personen

Vorbereitungszeit: 5 Min.

Kochzeit: 12 Min.

Ruhezeit: 20 Min.

250 g Buchweizen

Salz

einige Stängel Petersilie

200 g Raclette-Käse

1 Den Buchweizen in ein Sieb füllen und spülen, bis das abtropfende Wasser klar bleibt. 500 ml Salzwasser in den Topf gießen. Den Deckel schließen und den Reiskocher einschalten. Nach 2 Minuten den Deckel öffnen und den Buchweizen ins Wasser geben. Deckel wieder schließen und Buchweizen 5 Minuten kochen. Das Gerät ausschalten und Buchweizen 20 Minuten bei geschlossenem Deckel ruhen lassen.

2 Die Petersilie waschen, trocken schütteln und klein schneiden. Den Buchweizen in den Dämpfkorb füllen. Den in Stücke geschnittenen Raclette-Käse und die Petersilie dazugeben. Etwas Wasser in den Gartopf gießen. Den Deckel auflegen und den Reiskocher noch einmal für 5 Minuten einschalten.

3 Alles gut vermischen und auf Tellern anrichten.

Bei dieser Garmethode bleibt der Buchweizen bissfest und schmackhaft. Buchweizen oder »schwarzes Welschkorn« ist kein Getreide, auch wenn er so verwendet wird. Er enthält kein Gluten und eignet sich daher für eine glutenfreie Ernährung.

BUCHWEIZEN
und Bulgur mit Oliven und Champignons

Für 4 Personen

Vorbereitungszeit: 10 Min.

Kochzeit: 7 Min.

Ruhezeit: 20 Min.

125 g Buchweizen

Salz

200 g Champignons

125 g Bulgur

10 grüne oder schwarze Oliven (entsteint)

einige Stängel Petersilie

2 EL Olivenöl

Pfeffer

einige rosa Pfefferkörner

1 Den Buchweizen in ein Sieb schütten und spülen, bis das abtropfende Wasser klar bleibt. 500 ml Salzwasser in den Topf gießen. Den Deckel schließen und den Reiskocher einschalten. Nach 2 Minuten den Deckel öffnen und den Buchweizen ins Wasser geben. Deckel wieder schließen und Buchweizen 5 Minuten kochen.

2 Die Champignons putzen und in Scheiben schneiden. Den Reiskocher öffnen, den Bulgur, 250 ml Wasser, die Champignons und die Oliven zugeben. Vorsichtig vermischen und alles bei geschlossenem Deckel 20 Minuten quellen lassen.

3 Petersilie waschen, trocken schütteln und klein schneiden. Den Deckel öffnen, das Olivenöl, Salz, Pfeffer, Petersilie und rosa Pfefferkörner untermischen. Sofort servieren.

Buchweizen enthält mehr Magnesium als dunkle Schokolade, aber viel weniger Kalorien, er gilt daher als Superfood!

POLENTA
mit Parmesan

Für 4 Personen

Vorbereitungszeit: 5 Min.

Kochzeit: 20 Min.

250 g Polenta

1 TL Salz

30 g Butter

100 g geriebener Parmesan

einige Stängel glatte Petersilie

1 Die Polenta in den Gartopf füllen. 1,2 l Wasser und das Salz dazugeben. Den Deckel auflegen und den Reiskocher einschalten. Polenta 20 Minuten kochen (oder nach Packungsanweisung).

2 Deckel öffnen, die Butter und dann den Parmesan zufügen und alles gut vermischen.

3 Petersilie waschen, trocken schütteln und klein schneiden. Polenta mit Petersilie bestreut servieren.

Zu dieser Polenta passt gut ein Rucolasalat mit frischen Kräutern und gehackten Haselnüssen.

GEMÜSE mit Couscous

Für 4 Personen

Vorbereitungszeit: 10 Min.

Kochzeit: 25 Min.

- 3 Möhren
- 2 Zucchini
- 6 Stängel Petersilie
- Salz
- 1 TL gemahlener Kreuzkümmel
- 1 EL Tomatenmark
- 500 g Couscous
- 2 EL Olivenöl
- 5 EL Kichererbsen (gekocht)
- Pfeffer

1 Die Möhren putzen und schälen, die Zucchini putzen und waschen. Beide Gemüse in Stifte schneiden. Petersilie waschen, trocken schütteln und klein schneiden.

2 Das Gemüse in den Gartopf geben, etwas Salz, Kreuzkümmel, Tomatenmark und 500 ml Wasser zufügen. Den Reiskocher einschalten und 20 Minuten kochen lassen.

3 Den Couscous in einer Schüssel mit 1 TL Salzwasser und dem Olivenöl vermischen. Den Dämpfkorb mit einem Backpapier auslegen und den Couscous darauf verteilen.

4 Die Kichererbsen zum Gemüse in den Topf geben.

5 Den Dämpfkorb in den eingeschalteten Reiskocher setzen und den Couscous 5 Minuten quellen lassen.

6 Den Couscous mit einer Gabel auflockern und mit dem Gemüse anrichten. Mit Pfeffer und Petersilie bestreut servieren.

Wer mag, gibt noch etwas Harissa dazu. Statt Petersilie eignet sich auch Koriander. Rosinen passen ebenfalls sehr gut!

BROKKOLI
mit Joghurt-Kräuter-Sauce

Für 4 Personen

Vorbereitungszeit: 5 Min.

Kochzeit: 5 Min.

2 Brokkoli

1 Knoblauchzehe

20 Stängel Schnittlauch

20 Stängel glatte Petersilie

300 g Naturjoghurt

1 EL Olivenöl

Salz, Pfeffer

1 EL Mandelblättchen

einige rosa Pfefferkörner

1 Brokkoli putzen, waschen und die Röschen abschneiden. Die Röschen in den Dämpfkorb legen und Wasser in den Gartopf gießen. Den Dämpfkorb in den Reiskocher einsetzen. Deckel auflegen und den Reiskocher einschalten. Brokkoli 5 Minuten garen.

2 Den Knoblauch schälen und hacken, die Kräuter waschen, trocken schütteln und klein schneiden. Joghurt in einer Schüssel mit Olivenöl, Knoblauch und Kräutern vermischen. Salzen und pfeffern.

3 Die Brokkoliröschen auf Teller verteilen und mit einigen grob zerstoßenen rosa Pfefferkörnern und Mandelblättchen bestreuen. Jeweils 1 Schälchen Joghurt-Kräuter-Sauce dazugeben.

Diese Beilage können Sie warm oder kalt genießen. Den Brokkoli sollten Sie nicht zu lange kochen, damit er seine schöne grüne Farbe behält. Wenn Sie ihn kalt essen wollen, direkt nach dem Kochen in Eiswasser tauchen.

KRÄUTER-KARTOFFELN

Für 4 Personen

Vorbereitungszeit: 5 Min.

Kochzeit: 30 Min.

800 g kleine festkochende Kartoffeln

60 g leicht gesalzene Butter

Fleur de Sel

20 Stängel Schnittlauch

20 Stängel glatte Petersilie

1 Die Kartoffeln schälen und waschen. Die größten halbieren, damit alle eine etwa einheitliche Größe haben. In den Dämpfkorb legen. 550 ml Wasser in den Topf gießen und den Dämpfkorb in den Reiskocher einsetzen. Deckel auflegen und das Gerät einschalten. Kartoffeln 30 Minuten kochen.

2 Die Kartoffeln in eine Servierschüssel geben. Butter und Fleur de Sel untermischen. Die Kräuter waschen, trocken schütteln und klein schneiden. Über die Kartoffeln streuen.

Sie können dazu eine kalte Sauce aus Olivenöl, Zitronensaft und fein gehackten frischen Kräutern zubereiten. Mit einem Feldsalat die perfekte Beilage zu einem Fischgericht.

GEDÜNSTETE GRÜNE BOHNEN *mit getrockneten Tomaten und Tofu*

Für 4 Personen

Vorbereitungszeit: 5 Min.

Kochzeit: 30 Min.

500 g grüne Bohnen

10 getrocknete Tomaten (in Öl eingelegt)

Pfeffer

200 g Tofu natur

30 g leicht gesalzene Butter

1 Die Bohnen putzen und waschen. Die Tomaten klein schneiden. Bohnen und Tomaten in den Dämpfkorb geben und pfeffern.

2 550 ml Wasser in den Gartopf gießen. Den Dämpfkorb in den Reiskocher einsetzen. Deckel auflegen und das Gerät einschalten. 30 Minuten kochen lassen.

3 Den Tofu würfeln. 5 Minuten vor Ende der Kochzeit den Tofu mit in den Dämpfkorb legen. Den Reiskocher wieder schließen. Die Butter unter die fertigen Bohnen mischen und diese auf Teller verteilen.

Die Bohnen brauchen kein Extrasalz, denn die getrockneten Tomaten und die leicht gesalzene Butter liefern genügend Würze.

MÖHREN UND FENCHEL *mit Petersilie*

Für 4 Personen

Vorbereitungszeit: 10 Min.

Kochzeit: 15 Min.

8 Möhren

1 Fenchel

Salz, Pfeffer

1 EL Olivenöl

½ Bund Petersilie

1 Die Möhren putzen, schälen und in Scheiben schneiden. Den Fenchel putzen und oben die Stiele abschneiden. Die Knolle waschen, halbieren und den harten Strunk herausschneiden. Anschließend den Fenchel würfeln. Möhren und Fenchel im Dämpfkorb verteilen. Salzen und pfeffern.

2 350 ml Wasser in den Gartopf gießen. Den Dämpfkorb in den Reiskocher einsetzen. Deckel auflegen und das Gerät einschalten. Gemüse 15 Minuten kochen. Den Reiskocher öffnen und das Olivenöl über das Gemüse träufeln und untermischen.

3 Petersilie waschen, trocken schütteln und klein schneiden. Wenn das Gemüse fertig ist, mit Petersilie bestreut auf Tellern anrichten.

Fenchel ist ideal für alle, die auf ihre schlanke Linie achten: Er wirkt harntreibend und entwässernd.

Das Fenchelgrün können Sie einfrieren und zu einem späteren Zeitpunkt verwenden, um zum Beispiel eine Suppe oder einen in Alufolie gebackenen Fisch zu aromatisieren.

SPINAT
mit Kurkuma und Kreuzkümmel

Für 4 Personen

Vorbereitungszeit: 10 Min.

Kochzeit: 15 Min.

1,2 kg Spinat

1 Zwiebel

1 TL gemahlene Kurkuma

1 TL gemahlener Kreuzkümmel

Salz, Pfeffer

100 g Crème fraîche

100 ml Tomatensauce

½ Bund Koriander

1 Den Spinat verlesen, waschen und grob hacken. Die Zwiebel schälen und in dünne Scheiben schneiden.

2 Spinat und Zwiebel in den Dämpfkorb legen. Mit Kurkuma, Kreuzkümmel, Salz und Pfeffer würzen. 200 ml Wasser in den Gartopf gießen. Den Dämpfkorb in den Reiskocher einsetzen. Deckel auflegen und das Gerät einschalten. Gemüse 10 Minuten kochen.

3 Den Deckel öffnen, das Wasser abgießen und den Spinat in den Topf geben. Crème fraîche und Tomatensauce untermischen und alles 5 Minuten kochen.

4 Koriander waschen, trocken schütteln und klein schneiden. Spinat auf Tellern anrichten und mit Koriander bestreuen.

Eine leicht süßliche Note erhält das Gericht, wenn Sie am Ende der Kochzeit einige Rosinen zugeben und vor dem Servieren gehackte Cashewkernen darüberstreuen.

GEDÜNSTETES GEMÜSE
mit Zitronen-Sahne-Sauce

Für 4 Personen

Vorbereitungszeit: 20 Min.

Kochzeit: 33 Min.

5 Kartoffeln

220 g Blumenkohl

170 g Brokkoli

1 Zucchini

1/2 Bund Schnittlauch

100 g Crème fraîche

15 g Butter

1 EL Zitronensaft

Salz, Pfeffer

1 Die Kartoffeln schälen, waschen und in Würfel schneiden. In den Dämpfkorb legen. 1 l Wasser in den Topf gießen. Den Dämpfkorb in den Reiskocher einsetzen. Deckel auflegen und das Gerät einschalten. Kartoffeln 15 Minuten kochen.

2 Blumenkohl und Brokkoli putzen, waschen und in Röschen zerteilen. Zucchini putzen, waschen und würfeln. Schnittlauch waschen, trocken schütteln und klein schneiden.

3 Nach 15 Minuten Kochzeit den Reiskocher öffnen, Blumenkohl und Brokkoli mit in den Dämpfkorb geben und alles weitere 15 Minuten garen.

4 Den Reiskocher öffnen, den Dämpfkorb herausnehmen und das Wasser ausgießen. Crème fraîche, Butter und Zitronensaft in den Gartopf geben. Salzen und pfeffern. 3 Minuten erhitzen, dabei mit einem Spatel vermischen.

5 Das Gemüse mit Schnittlauch bestreuen und mit der Zitronensauce servieren.

Passt perfekt als Beilage
zu einem Fischgericht.

SÜSSKARTOFFEL-FLANS

Für 4 Personen

Vorbereitungszeit: 20 Min.

Kochzeit: 35 Min.

3 Süßkartoffeln

3 Eier

200 g Crème fraîche

Salz, Pfeffer

etwas Butter zum Einfetten

einige Stängel Koriander

1 Die Süßkartoffeln schälen, waschen, in Würfel schneiden und in den Dämpfkorb legen. Wasser in den Gartopf gießen. Den Dämpfkorb in den Reiskocher einsetzen, den Deckel auflegen und das Gerät einschalten. Süßkartoffeln 15 Minuten kochen.

2 Die Süßkartoffeln herausnehmen und in einer Schüssel mit einer Gabel zerdrücken. In einer kleinen Schüssel die Eier verquirlen. Crème fraîche dazugeben, salzen und pfeffern. Die Mischung über die Süßkartoffeln gießen. Mit einem Schneebesen gründlich verrühren.

3 4 kleine, ofenfeste Förmchen einfetten, mit der Masse füllen und die Förmchen in den Dämpfkorb stellen. In den Gartopf Wasser gießen, den Dämpfkorb in den Reiskocher einsetzen und den Deckel auflegen. Flans 20 Minuten garen.

4 Koriander waschen, trocken schütteln und klein schneiden. Die Förmchen aus dem Dämpfkorb nehmen und sofort mit Koriander garniert servieren.

Dieses Rezept können Sie auch mit anderen Gemüsesorten ausprobieren – Zucchini, Möhren, Kürbis … Jeweils jenach Größe der Gemüsestücke in etwa 15 Minuten weich kochen.

VEGGIE-CHILI

Für 4 Personen

Vorbereitungszeit: 10 Min.

Kochzeit: 30 Min.

1 Zwiebel

500 g rote Bohnen (aus der Dose)

140 g Mais (aus der Dose)

150 g Babyspinat

1 Bund Koriander

400 g stückige Tomaten (aus der Dose)

2 EL Olivenöl

1 TL Chilipulver

½ TL gemahlener Kreuzkümmel

1 Gemüsebrühwürfel

1 Die Zwiebel schälen und in dünne Scheiben schneiden. Bohnen und Mais in einem Sieb abtropfen lassen. Spinat waschen und etwas zerkleinern. Koriander waschen, trocken schütteln und klein schneiden. Alle Zutaten mit Ausnahme des Korianders in den Gartopf geben.

2 200 ml Wasser dazugießen. Deckel auflegen und den Reiskocher für 30 Minuten einschalten. Während der Kochzeit zweimal umrühren.

3 Chili auf Teller verteilen und mit Koriander bestreuen.

Mit Reis und geriebenem Käse wird eine komplette Mahlzeit daraus.

GEMÜSESTREIFEN *mit Sesam*

Für 4 Personen

Vorbereitungszeit: 15 Min.

Kochzeit: 15 Min.

1 Frühlingszwiebel

4 Möhren

3 Zucchini

einige Stängel Schnittlauch

2 EL Olivenöl

1 EL Sesam

Salz, Pfeffer

1 Die Frühlingszwiebel putzen, waschen und in dünne Scheiben schneiden. Die Möhren putzen und schälen, die Zucchini putzen und waschen. Schnittlauch waschen, trocken schütteln und klein schneiden.

2 Die Möhren und die Zucchini mit einem Sparschäler in Streifen schneiden. Diese in den Dämpfkorb legen.

3 200 ml Wasser in den Topf gießen, den Dämpfkorb in den Reiskocher einsetzen und den Deckel auflegen. Das Gemüse 15 Minuten garen.

4 Die Gemüsestreifen in eine Schüssel umfüllen. Olivenöl, Frühlingszwiebel und Sesams dazugeben, salzen und pfeffern. Vor dem Servieren das Gemüse mit Schnittlauch bestreuen.

Es gibt Spiralschneider, mit denen Sie Gemüse ganz unterschiedlich schneiden können. Oder Sie verwenden einen Sparschäler für Gemüsestreifen und einen Julienne-Schneider für Gemüse-Spaghetti.

Zur Abwechslung können Sie auch andere Gemüsesorten wie Butternut-Kürbis oder Pastinaken ausprobieren.

RATATOUILLE

Für 4 Personen

Vorbereitungszeit: 20 Min.

Kochzeit: 30 Min.

1 Aubergine
2 Zucchini
3 Tomaten
1 kleine rote Paprikaschote
1 kleine grüne Paprikaschote
1 Knoblauchzehe
1 Zwiebel
1 Stängel Thymian
2 Lorbeerblätter
Salz, Pfeffer
4 EL Olivenöl
einige Basilikumblätter

1 Das Gemüse putzen, waschen und würfeln. Knoblauch und Zwiebel schälen und in dünne Scheiben schneiden. Alles in den Gartopf füllen und 180 ml Wasser zugießen. Den gewaschenen Thymian und die Lorbeerblätter dazugeben und mit Salz und Pfeffer würzen.

2 Den Deckel des Reiskochers auflegen und das Gerät einschalten. 30 Minuten kochen lassen, während dieser Zeit zweimal umrühren.

3 Vor dem Servieren das Olivenöl einrühren und alles mit gewaschenen Basilikumblättern bestreuen.

Die Ratatouille lässt sich einfach in eine Caponata verwandeln. Am Ende der Kochzeit lediglich einige Kapern, grüne Oliven, Rosinen, Pinienkerne und etwas Essig dazugeben.

ERBSEN
mit roter Zwiebel, Kokosmilch und Curry

Für 4 Personen

Vorbereitungszeit: 20 Min.

Kochzeit: 20 Min.

1 rote Zwiebel
600 g TK-Erbsen
250 ml Kokosmilch
1/2 TL Currypulver
Salz, Pfeffer
einige Stängel Minze

1 Die Zwiebel schälen und in dünne Scheiben schneiden. Erbsen und Zwiebel in den Dämpfkorb legen. 200 ml Wasser in den Gartopf gießen. Den Dämpfkorb einsetzen, den Deckel auflegen. Den Reiskocher für 15 Minuten einschalten.

2 Nach 15 Minuten den Dämpfkorb herausnehmen und das Wasser aus dem Topf gießen. Erbsen und die Zwiebel in den Topf geben. Kokosmilch und Curry zufügen und unter Rühren 5 Minuten garen. Mit Salz und Pfeffer würzen.

3 Vor dem Servieren mit gewaschener, klein geschnittener Minze bestreuen.

Rote Zwiebeln haben mehr Nährwert als die anderen Zwiebelsorten. Sie enthalten viele Vitamine, Mineralien und Antioxidantien. Mit ihrem kaum scharfen, leicht süßlichen Aroma schmecken sie gekocht oder roh.

KRÄUTER-FRITTATA

Für 4 Personen

Vorbereitungszeit: 15 Min.

Kochzeit: 20 Min.

4 Stängel Petersilie

4 Stängel Basilikum

4 Stängel Schnittlauch

4 Stängel Minze

8 Eier

Salz, Pfeffer

100 g geriebener Comté

3 EL Olivenöl

1 Die Kräuter waschen, trocken schütteln und klein schneiden.

2 In einer Schüssel die Eier mit dem Schneebesen verquirlen, salzen und pfeffern. Die Kräuter und den Käse untermischen.

3 Den Reiskocher einschalten, das Öl in den Topf geben und mit einem Küchenpinsel an den Topfwänden verteilen.

4 Die Eiermasse in den Gartopf gießen und 20 Minuten stocken lassen.

Als weitere Zutat eignet sich zerpflückter frischer Lachs oder Räucherlachs.

LACHS
mit Kirschtomaten, in Alufolie gegart

Für 4 Personen

Vorbereitungszeit: 15 Min.

Kochzeit: 20 Min.

4 Lachsfilets

12 Kirschtomaten

Olivenöl

Saft von 1 Zitrone

Salz, Pfeffer

3 Stängel glatte Petersilie

300 g Feldsalat

1 Jedes Lachsfilet auf 1 Stück Alufolie legen.

2 Die gewaschenen Kirschtomaten halbieren und auf den Lachsfilets verteilen.

3 Etwas Olivenöl und Zitronensaft über den Fisch träufeln, mit Salz und Pfeffer würzen. Die Alufolie jeweils zu einem Päckchen verschließen.

4 1 l Wasser in den Gartopf des Reiskochers gießen. Die Folienpäckchen in den Dämpfkorb legen, den Deckel aufsetzen und das Gerät einschalten. Fisch 20 Minuten garen.

5 Währenddessen die Petersilie waschen, trocken schütteln und klein schneiden. Den Feldsalat verlesen und waschen. Den fertigen Fisch mit Petersilie bestreuen und mit Feldsalat mit einem Dressing nach Wahl servieren.

Zu diesem Gericht passt auch Basmati-Reis oder eine dreifarbige Reismischung, die Sie mit etwas Olivenöl und einigen Tropfen Sojasauce beträufeln.

JAKOBSMUSCHELN
mit Fenchel, in Alufolie gegart

Für 4 Personen

Vorbereitungszeit: 15 Min.

Kochzeit: 30 Min.

1 Fenchel (200 g)

12 Jakobsmuscheln (die Nüsse)

Olivenöl

Salz, Pfeffer

300 g weißer Reis

1 EL Nuoc Mam (vietnamesische Fischsauce)

10 Stängel Schnittlauch

1 Den Fenchel putzen, waschen, halbieren, die Stiele oben abschneiden und den harten Strunk entfernen. Den Fenchel in Stifte schneiden. 4 Stück Alufolie vorbereiten und jeweils 3 Jakobsmuschelnüsse und $^{1}/_{4}$ des Fenchels darauf verteilen.

2 Mit etwas Olivenöl beträufeln und mit Salz und Pfeffer würzen. Die Alufolie zu Päckchen schließen und diese in den Dämpfkorb setzen.

3 Den Reis in den Gartopf des Reiskochers füllen, 600 ml Wasser zugießen und salzen. Den Dämpfkorb in den Reiskocher einsetzen, den Deckel auflegen und das Gerät einschalten.

4 Nach 30 Minuten den Reis mit den geöffneten Muschelpäckchen servieren, alles mit etwas Nuoc-Mam-Sauce beträufeln, mit Pfeffer würzen und mit gewaschenem, klein geschnittenem Schnittlauch bestreuen.

Wer es gerne etwas fruchtiger mag,
gibt zusätzlich jeweils
1 Orangenspalte in jedes Päckchen.

MAKRELE EN PAPILLOTE
mit Sojasauce

Für 2 Personen

Vorbereitungszeit: 15 Min.

Kochzeit: 25 Min.

2 Makrelen

1 Frühlingszwiebel

1 kleines Stück frischer Ingwer

4 EL Sojasauce

Pfeffer

1 Die vom Fischhändler vorbereiteten Makrelen waschen und mit Küchenpapier trocken tupfen. Anschließend jede Makrele auf ein Stück Backpapier legen.

2 Die Frühlingszwiebel putzen, waschen und in dünne Scheiben schneiden. Den Ingwer schälen und reiben.

3 Zwiebel und Ingwer auf beide Makrelen verteilen, diese mit Sojasauce beträufeln und pfeffern. Das Backpapier über den Fischen zu Päckchen zusammenfalten und gut verschließen.

4 Wasser in den Gartopf gießen, die Fischpäckchen in den Dämpfkorb legen und 25 Minuten garen.

Mit einer dreifarbigen Reismischung oder gedünsteten Kartoffeln servieren.

KABELJAU *mit Pesto und Grapefruit*

Für 4 Personen

Vorbereitungszeit: 15 Min.

Kochzeit: 15 Min.

4 Kabeljaufilets

1 Glas grünes Pesto

1 rosa Grapefruit

400 g Feldsalat

Olivenöl

Aceto balsamico

Salz, Pfeffer

1 Die Kabeljaufilets waschen und mit Küchenpapier trocken tupfen. 1 l Wasser in den Gartopf gießen und die Fischfilets in den Dämpfkorb legen. Jeweils mit einer Schicht Pesto überziehen. Den Deckel auflegen, das Gerät einschalten und den Fisch 15 Minuten garen.

2 Währenddessen die Grapefruit filetieren: Dazu oben und unten einen Deckel abschneiden, die Frucht auf eine flache Seite stellen und senkrecht schälen. Dabei die Schale bis zum Fruchtfleisch abnehmen, sodass die gesamte weiße Haut mit entfernt wird. Anschließend jede Grapefruitspalte aus der Haut lösen.

3 Den Feldsalat waschen, mit den Grapefruitfilets auf Tellern anrichten, mit Olivenöl und Aceto balsamico anmachen, salzen und pfeffern.

4 Auf jeden Teller 1 Kabeljaufilet legen und sofort servieren.

Ein ganz einfaches, aber originelles
Rezept, das nach Sommer schmeckt.

DORADENFILETS

Für 4 Personen

Vorbereitungszeit: 5 Min.

Kochzeit: 15 Min.

2 Möhren

2 Doradenfilets

150 g enthülste Erbsen

Salz

etwa 20 Radieschen

5 Stängel Dill

Olivenöl

Saft von 1 Zitrone

Pfeffer

1 Die Möhren schälen, putzen und in dünne Scheiben schneiden.

2 Die Fischfilets waschen und mit Küchenpapier trocken tupfen. 1 l Wasser in den Gartopf gießen. Möhren und Erbsen dazugeben und salzen.

3 Die Doradenfilets in den Dämpfkorb legen und diesen in den Reiskocher einsetzen. Den Deckel auflegen, das Gerät einschalten und alles 15 Minuten garen.

4 Die Radieschen putzen, waschen und in dünne Scheiben schneiden. Den Dill waschen, trocken schütteln und klein schneiden

5 Auf jedem Teller 1 Doradenfilet mit Möhren und Erbsen anrichten und Radieschenscheiben darauf verteilen. Mit etwas Olivenöl und einigen Tropfen Zitrone beträufeln und mit Dill und Pfeffer bestreuen.

Die rohen Radieschen geben diesem Gericht einen angenehmen Biss.

SPIESSE
mit Shrimps und Zucchini

Für 4 Personen

Vorbereitungszeit: 15 Min.

Kochzeit: 10 Min.

2 Zucchini

1 kleine Chorizo-Wurst

3 Stängel Thymian

12 geschälte Shrimps

Olivenöl

Saft von 1 Zitrone

Salz, Pfeffer

1 Die Zucchini putzen, waschen und mit einem Sparschäler in breite Streifen schneiden. Die Wurst in Scheiben schneiden. Den Thymian waschen, trocken schütteln und die Blättchen abzupfen.

2 Abwechselnd Zucchinistreifen, Chorizoscheiben und Shrimps auf 4 Spieße stecken.

3 1 l Wasser in den Gartopf gießen, die Spieße in den Dämpfkorb legen. Den Deckel auflegen und das Gerät einschalten. Spieße 10 Minuten garen.

4 Die Spieße mit etwas Olivenöl und Zitronensaft beträufeln und mit Thymianblättchen bestreuen. Mit Salz und Pfeffer würzen.

Zu diesen Spießen passt gut Basmati-Reis.

MIESMUSCHELN

Für 2 Personen

Vorbereitungszeit: 10 Min.

Kochzeit: 10 Min.

1 kleine Zwiebel

5 Stängel glatte Petersilie

300 g Miesmuscheln

10 g Butter

50 ml Weißwein

Salz, Pfeffer

150 ml Sojasahne

Saft von 1 Limette

1 Die Zwiebel schälen und in dünne Scheiben schneiden. Petersilie waschen, trocken schütteln und klein schneiden. Die Muscheln gründlich waschen und säubern. Geöffnete Exemplare entsorgen.

2 Die Muscheln mit Butter, Zwiebel und Petersilie in den Gartopf des Reiskochers geben. Das Gerät einschalten und die Muscheln 2 Minuten unter Rühren mit einem Holzlöffel garen.

3 Weißwein zugießen, mit Salz und Pfeffer würzen. Die Muscheln im eingeschalteten Reiskocher etwa 7 Minuten garen, bis sie sich öffnen. Ungeöffnete Exemplare entfernen.

4 Am Ende der Garzeit Sojasahne und Limettensaft in den Topf geben, alles gut vermischen und sofort servieren.

Die Petersilie können Sie durch Koriander und die Sojasahne durch Kokosmilch ersetzen.

HÄHNCHEN-BIRYANI

Für 4 Personen

Vorbereitungszeit: 25 Min.

Kochzeit: 17 Min.

4 Hähnchenbrüste
1 Knoblauchzehe
1 Zwiebel
5 Stängel Koriander
5 Stängel Minze
1 EL Mandelblättchen
1 EL Olivenöl
1 TL gemahlener Ingwer
½ TL gemahlene Kurkuma
½ TL gemahlener Safran
1 Zimtstange
1 Prise Chilipulver
Salz
1 EL Rosinen
150 g Naturjoghurt

1 Die Hähnchenbrüste in Würfel schneiden. Knoblauch und Zwiebel schälen und hacken. Die Kräuter waschen, trocken schütteln und klein schneiden. Die Mandeln in einer Pfanne ohne Fett goldbraun rösten.

2 Den Reiskocher einschalten und das Olivenöl in den Topf geben, dann das Fleisch mit Knoblauch und Zwiebel 2 Minuten darin anbraten.

3 Die Gewürze, die Zimtstange und etwas Salz zufügen und mit einem Holzlöffel untermischen.

4 200 ml Wasser und die Rosinen dazugeben, den Deckel auflegen und das Fleisch 15 Minuten garen.

5 Den Deckel öffnen, die Zimtstange entfernen und den Joghurt untermischen.

6 Biryani auf die Teller verteilen und mit Mandelblättchen, Koriander und Minze bestreuen.

Zu diesem Hähnchen-Biryani schmeckt ein mit Kardamom aromatisierter Basmati-Reis sehr gut.

PIKANTE WÜRSTE

Für 4 Personen

Vorbereitungszeit: 15 Min.

Kochzeit: 12 Min.

1 Knoblauchzehe
1 Zwiebel
2 Tomaten
1 kleine rote Chilischote
5 Stängel Petersilie
3 große geräucherte Würste
1 EL Olivenöl
1 Dose stückige Tomaten
1 EL Tomatenmark
1 Kräutersträußchen
1 TL gemahlene Kurkuma

1 Knoblauch und Zwiebel schälen und hacken. Die Tomaten waschen und würfeln. Die Chilischote putzen, waschen und in Streifen schneiden. Die Petersilie waschen, trocken schütteln und klein schneiden.

2 Den Reiskocher einschalten. Die Würste in 2 cm dicke Scheiben schneiden und mit Knoblauch, Zwiebel und Olivenöl 2 Minuten im Gartopf braten.

3 Die Tomaten mit den stückigen Dosentomaten, dem Tomatenmark, dem Kräutersträußchen, Kurkuma und Chili in den Topf geben. Alles gut vermischen, den Deckel auflegen und 10 Minuten garen.

4 Mit Petersilie bestreut sofort servieren.

Damit das Ganze für niemanden zu scharf wird, Chili nicht untermischen, sondern separat in einem Schüsselchen zum Darüberstreuen anbieten.

HÄHNCHEN-ROULADEN

Für 4 Personen

Vorbereitungszeit: 20 Min.

Kochzeit: 30 Min.

10 Stängel Petersilie

5 Stängel Estragon

5 Stängel Minze

1 Kugel Mozzarella (125 g)

4 Hähnchenschnitzel

4 getrocknete Tomaten

Salz, Pfeffer

100 g Babysalat

1 Die Kräuter waschen, trocken schütteln und klein schneiden, dann in einen tiefen Teller geben.

2 Den Mozzarella abtropfen lassen und vierteln.

3 Jedes Hähnchenschnitzel in den Kräutern wenden und mit 1 Stück Mozzarella und 1 getrockneten Tomate belegen. Salzen und pfeffern.

4 Die Schnitzel aufrollen und die Rouladen fest mit hitzebeständiger Frischhaltefolie umwickeln.

5 Die eingewickelten Rouladen in den Dämpfkorb legen, 1 l Wasser in den Gartopf gießen, den Dämpfkorb einsetzen, den Deckel auflegen und Fleisch 30 Minuten garen.

6 Den Babysalat waschen und mit einem Dressing nach Wahl zu den Rouladen servieren.

Sie können nach Belieben auch andere Kräuter verwenden und als Füllung Sardellen und Oliven wählen.

FILET MIGNON
mit Paprikakruste

Für 4 Personen

Vorbereitungszeit: 15 Min.

Kochzeit: 25 Min.

1 Filet Mignon

Petersilie nach Belieben

2 EL Paprikapulver, edelsüß

1 TL Salz

1. Das Filet Mignon in der Mitte durchschneiden, damit es in den Dämpfkorb passt.

2. Die Petersilie waschen, trocken schütteln und klein schneiden. Das Paprikapulver auf einen Teller geben, mit der Petersilie und dem Salz vermischen.

3. Die beiden Filetstücke in der Würzmischung wälzen, damit sie ganz damit überzogen sind.

4. 1 l Wasser in den Gartopf gießen, die Filetstücke in den Dämpfkorb legen, diesen in den Reiskocher einsetzen und den Deckel auflegen. Filet 25 Minuten garen.

5. Die Filetstücke in Scheiben schneiden und servieren.

Zu dem Filet können Sie Salat, Vollkornreis oder Kartoffeln reichen.

FLEISCHBÄLLCHEN mit Tomatensauce und Rosmarin

Für 4 Personen

Vorbereitungszeit: 15 Min.

Kochzeit: 20 Min.

3 Stängel Basilikum

1 Zwiebel

500 g Hackfleisch

100 g Toastbrot

50 g geriebener Parmesan

3 Eier

1 TL gemahlene Muskatnuss

Salz, Pfeffer

3 Stängel Rosmarin

1 l passierte Tomaten

1 Basilikum waschen, trocken schütteln und die Blätter abzupfen. Die Hälfte des Basilikums klein schneiden, den Rest in Streifen schneiden und beiseite legen. Die Zwiebel schälen und in dünne Scheiben schneiden. Alle Zutaten bis auf das beiseite gelegte Basilikum, die passierten Tomaten und den Rosmarin in einer Schüssel gut vermischen.

2 Aus dem Fleischteig walnussgroße Bällchen formen und mit dem gewaschenen Rosmarin in den Dämpfkorb legen. Korb in den Reiskocher einsetzen, 1 l Wasser in den Gartopf gießen, den Deckel auflegen und die Fleischbällchen 20 Minuten garen. Dann warm stellen.

3 Das Wasser ausgießen und die passierten Tomaten im Gartopf erhitzen.

4 Die Fleischbällchen auf Tellern anrichten und mit der Sauce begießen. Mit dem restlichen Basilikum bestreut servieren.

Dazu schmecken frische Nudeln gut.

EINGELEGTE ENTENMÄGEN
mit weißen Bohnen

Für 4 Personen

Vorbereitungszeit: 15 Min.

Kochzeit: 15 Min.

12 in Schmalz eingelegte Entenmägen

1 Zwiebel

1 Knoblauchzehe

800 g weiße Bohnen in Tomatensauce (aus der Dose)

1 Kräutersträußchen

Salz, Pfeffer

½ Bund Petersilie

1 Die eingelegten Entenmägen waschen. Zwiebel und Knoblauch schälen und in dünne Scheiben schneiden. Die weißen Bohnen in den Gartopf füllen. Entenmägen, Zwiebel, Knoblauch und das gewaschene Kräutersträußchen dazugeben. Salzen und pfeffern.

2 50 ml Wasser in den Topf gießen. Den Reiskocher schließen und einschalten. Alles 15 Minuten kochen. In dieser Zeit einmal umrühren. Petersilie waschen, trocken schütteln und klein schneiden.

3 Bohnen und Entenmägen auf Teller verteilen. Mit Petersilie bestreut servieren.

Sie können bei diesem Rezept noch weitere Gemüsesorten dazunehmen, etwa Möhren – oder Selleriewürfel.

PORRIDGE
mit Honig, Mandeln, Kürbiskernen und Cranberrys

Für 4 Personen

Vorbereitungszeit: 5 Min.

Kochzeit: 20 Min.

100 g Haferflocken

500 ml Milch (1,5 % Fett)

2 EL Honig

2 EL Mandeln

2 EL Kürbiskerne

2 EL Cranberrys

1 Die Haferflocken mit der Milch in den Gartopf geben, den Deckel auflegen und den Reiskocher einschalten.

2 Wenn das Gerät in den Warmhaltemodus umschaltet, den Honig mit einem Holzlöffel untermischen.

3 Porridge in kleinen Schälchen servieren, mit grob gehackten Mandeln, Kürbiskernen und Cranberrys bestreuen.

Anstelle der Mandeln können Sie beliebige Nüsse verwenden, zum Beispiel Pekannüsse, Cashewkerne oder Haselnüsse. Die Cranberrys können Sie durch Rosinen ersetzen.

APFEL, BANANE UND SCHOKOLADE *en papillote*

Für 2 Personen

Vorbereitungszeit: 15 Min.

Kochzeit: 20 Min.

1 Apfel

1 Banane

50 g dunkle Schokolade

20 g Haselnusskrokant

1 Den Apfel waschen, das Kerngehäuse entfernen und das Fruchtfleisch in Spalten schneiden. Die Banane schälen und in Scheiben schneiden.

2 Die Obststücke auf 2 Quadrate Backpapier verteilen.

3 Die Schokolade reiben und auf dem Obst verteilen. Das Backpapier zu Päckchen verschließen und diese in den Dämpfkorb setzen.

4 500 ml Wasser in den Topf füllen, den Deckel auflegen und den Reiskocher einschalten. Päckchen 20 Minuten garen.

5 Obst vor dem Servieren mit Krokant bestreuen.

Dieses Dessert schmeckt auch lauwarm köstlich! Wenn Sie es für mehrere Personen zubereiten, immer zwei Päckchen gleichzeitig garen.

AROMATISCHE ANANASPÄCKCHEN
mit Granatapfelkernen

Für 4 Personen

Vorbereitungszeit: 25 Min.

Kochzeit: 40 Min.

1 kleine Ananas

1 Vanilleschote

1 Prise gemahlener Ingwer

1 Prise gemahlener Zimt

1 EL Rohrzucker

1 kleiner Granatapfel

1 Die Ananas schälen, den Strunk entfernen und die Ananas in Dreiecke schneiden. Die Vanilleschoten aufschlitzen und mit einer Messerspitze das Mark herauskratzen.

2 Die Ananasstücke auf 4 Backpapierstücke verteilen, mit Vanillemark, Ingwer, Zimt und Rohrzucker bestreuen. Das Backpapier zu Päckchen verschließen und 2 in den Dämpfkorb stellen.

3 500 ml Wasser in den Topf gießen, den Deckel auflegen und den Reiskocher einschalten. Päckchen 20 Minuten garen, dann herausnehmen und die restlichen Päckchen ebenfalls garen.

4 Den Granatapfel vierteln und die Kerne mit den Fingern herauslösen, dabei darauf achten, dass keine weißen Häutchen mitkommen. Wenn die Ananaspäckchen fertig sind, öffnen und die Ananasstücke mit Granatapfelkernen bestreuen.

Der Kontrast aus frischen Granatapfelkernen und der mit Gewürzen gegarten Ananas ergibt ein tolles Dessert!

MIRABELLEN-HEIDELBEER-KOMPOTT *mit Pistazien*

Für 4 Personen

Vorbereitungszeit: 5 Min.

Kochzeit: 22 Min.

20 Mirabellen

1 Vanilleschote

25 g Zucker

250 g Heidelbeeren

20 g Pistazien

1 Die Mirabellen waschen, halbieren und entkernen. Die Vanilleschote aufschlitzen und das Mark mit einer Messerspitze herauskratzen.

2 Die Mirabellen mit 200 ml Wasser, Zucker und Vanillemark in den Gartopf geben und den Deckel auflegen. Den Reiskocher einschalten und Mirabellen 20 Minuten garen.

3 Die Heidelbeeren waschen, dazugeben und weitere 2 Minuten garen.

4 Die Pistazien hacken. Das Kompott in Schüsselchen servieren und mit Pistazien bestreuen.

Mit etwas Vanilleeis oder Schlagsahne wird ein Schlemmerdessert daraus.

MILCHREIS *mit Spekulatius*

Für 4 Personen

Vorbereitungszeit: 25 Min.

Kochzeit: 30 Min.

180 g Rundkornreis

1 Vanilleschote

½ l Haselnussdrink

8 Spekulatius

30 g Zucker

1 Den Reis in einem Sieb waschen, abtropfen lassen und mit 800 ml Wasser in den Gartopf geben. Den Deckel auflegen, den Reiskocher einschalten und den Reis kochen, bis das Gerät in den Warmhaltemodus schaltet.

2 Die Vanilleschote aufschlitzen und das Mark mit einer Messerspitze herauskratzen.

3 Haselnussdrink, Vanillemark, die grob zerbröckelten Spekulatius und den Zucker in den Topf geben und Milchreis unter häufigem Rühren mit einem Holzlöffel weitere 5 Minuten kochen.

4 Lauwarm oder kalt genießen!

Lauwarm ist der Milchreis noch recht flüssig, beim Erkalten wird er fester. Köstlich ist beides!

VANILLECREME
mit Haselnussdrink

Für 2 Personen

Vorbereitungszeit: 10 Min.

Kochzeit: 20 Min.

Kühlzeit: 2 Std.

1 Vanilleschote

2 Eier

70 g Zucker

200 ml Haselnussdrink

1 Die Vanilleschote der Länge nach aufschlitzen und das Mark mit einer Messerspitze herauskratzen.

2 Die Eier in eine Schüssel aufschlagen und mit einem Schneebesen verquirlen. Zucker und Vanillemark unterrühren. Den Haselnussdrink zugießen und weiterrühren.

3 Die Mischung in Förmchen gießen und mit hitzebeständiger Frischhaltefolie abdecken. 150 ml Wasser in den Gartopf des Reiskochers gießen, den Dämpfkorb einsetzen und die Förmchen hineinstellen. Den Deckel schließen und das Gerät einschalten. Creme 20 Minuten garen.

4 Die Förmchen aus dem Reiskocher nehmen, abkühlen lassen und die Creme dann für 2 Stunden in den Kühlschrank stellen.

Dieses Rezept können Sie wahlweise auch mit Mandeldrink, Kuh- oder Ziegenmilch zubereiten.

PANNA COTTA
mit Mangosauce

Für 4 Personen

Vorbereitungszeit: 15 Min.

Kochzeit: 35–40 Min.

Kühlzeit: 3 Std.

1 Vanilleschote

500 ml Sahne

4 Eiweiß

50 g Puderzucker

150 g Mangosauce

1. Die Vanilleschote der Länge nach aufschlitzen und mit einer Messerspitze das Mark herauskratzen.
2. Die Sahne mit dem Vanillemark in den Gartopf geben und den Deckel auflegen. Den Reiskocher einschalten. Sobald die Sahne kocht, das Gerät ausschalten.
3. In einer Schüssel Eiweiß und Puderzucker mit dem Schneebesen verrühren. Die heiße Sahne darübergießen und untermischen. Die Masse in 4 Förmchen füllen.
4. Den Topf auswaschen, dann 1 l Wasser hineingießen. Die Förmchen in den Dämpfkorb stellen, diesen in den Reiskocher einsetzen, den Deckel schließen und den Reiskocher einschalten. Masse 30 Minuten garen.
5. Die Förmchen herausnehmen, auf Zimmertemperatur abkühlen lassen, dann mindestens 3 Stunden in den Kühlschrank stellen.
6. Panna cotta mit Mangosauce servieren.

Zur Abwechslung können Sie statt der Mangosauce Himbeersauce, geschmolzene Schokolade oder flüssiges Karamell zur Panna cotta reichen.

HEIẞE SCHOKOLADE

Für 4 Personen

Vorbereitungszeit: 10 Min.

Kochzeit: 15 Min.

150 g dunkle Schokolade

700 ml Milch

2 EL Crème fraîche

20 g Mini-Marshmallows

½ TL gemahlener Zimt

1. Die dunkle Schokolade mit einem großen Messer fein hacken. 1 EL zum Garnieren beiseite legen.

2. Die Milch mit der Schokolade in den Topf gießen, den Deckel auflegen und den Reiskocher einschalten. Die Milch aufkochen, dann das Gerät ausschalten.

3. Mit einem Holzlöffel durchrühren und die Crème fraîche untermischen.

4. Heiße Schokolade auf 4 Becher verteilen und mit Mini-Marshmallows, Zimt und der restlichen Schokolade bestreuen.

Statt der Crème fraîche können Sie geschlagene Sahne als Topping auf die heiße Schokolade geben.

SCHOKOKUCHEN

Für 8 Personen

Vorbereitungszeit: 15 Min.

Kochzeit: 1 Std. 40 Min.

120 g dunkle Schokolade

60 g Butter + etwas Butter zum Einfetten des Topfes

2 Eier

60 g Puderzucker + 1 EL

80 g Mehl

½ Päckchen Backpulver

1 Die Schokolade mit einem großen Messer hacken und mit der in kleine Stücke geschnittenen Butter im Gartopf des Reiskochers schmelzen.

2 In einer Schüssel die Eier und 60 g Puderzucker mit dem Schneebesen schaumig schlagen. Die Schokoladen-Butter-Mischung unterrühren, dann das Mehl und das Backpulver dazusieben und alles gut vermengen.

3 Den Topf auswaschen und mit der Butter einfetten. Den Teig hineingießen. Deckel auflegen und das Gerät einschalten. Nach ein paar Minuten schaltet es in den Warmhaltemodus um. Den Kuchen 1 ½ Stunden backen. Die Garprobe mit einem Messer machen. Vorsichtig Messerspitze in den Kuchen stechen, bleibt beim Herausziehen kein Teig daran hängen, ist der Kuchen fertig. Andernfalls noch etwas länger backen.

4 Die Ränder des Kuchens mit einem Holzlöffel vom Topfrand lösen, den Kuchen aus der Form auf einen Teller stürzen. Abkühlen lassen, dann mit dem restlichen Puderzucker bestäuben.

Wer möchte, kann zu diesem Kuchen eine Englische Creme, Schlagsahne oder Birnenkompott servieren.

MÖHRENKUCHEN

Für 8 Personen

Vorbereitungszeit: 20 Min.

Kochzeit: 1 Std. 30 Min.

60 g Butter

100 g Rohrzucker

2 Möhren

2 Eier

150 g Mehl

1 Päckchen Backpulver

1 TL gemahlener Zimt

75 g Pekannüsse

200 g Frischkäse

50 g Puderzucker

1 Die Butter 1 Stunde vor der Zubereitung aus dem Kühlschrank nehmen, damit sie weich ist.

2 Den Topf des Reiskochers mit Butter einfetten, die restliche Butter in eine Schüssel geben. Mit einem Holzlöffel den Rohrzucker untermischen.

3 Die Möhren putzen, schälen, reiben und zu der Butter-Zucker-Mischung geben. Eier, Mehl, Backpulver, Zimt und die Hälfte der grob gehackten Pekannüsse unterrühren.

4 Den Teig in den Gartopf füllen, den Deckel auflegen und den Reiskocher einschalten. Nach ein paar Minuten schaltet er in den Warmhaltemodus um. Den Kuchen 1 ½ Stunden backen.

5 Die Ränder des Kuchens mit einem Holzlöffel vom Topfrand lösen. Den Kuchen anschließend auf einen Teller stürzen und abkühlen lassen.

6 Den Frischkäse in einer Schüssel mit dem Puderzucker vermischen und den Kuchen damit überziehen. Mit den restlichen Pekannüssen bestreuen.

Wenn Sie den Kuchen 24 Stunden in den Kühlschrank stellen, schmeckt er sogar noch besser!

NÜTZLICHE MESSGRÖSSEN

1 HASELNUSS-GROSSES STÜCK BUTTER
4 g

1 WALNUSS-GROSSES STÜCK BUTTER
15 g

1 TL

= **5** g Salz, Zucker oder Öl
= **7** g Butter
= **5** ml Flüssigkeit
= **5** g Mehl oder Grieß

1 PRISE SALZ =
0,3–0,5 g

1 STÜCK ZUCKER =
5 g

1 EL

= **15 g** Zucker, Mehl oder Butter

= **12 g** Crème fraîche oder Öl

= **15** ml Flüssigkeit

= **3** TL

REZEPTVERZEICHNIS

Gemüse

Fleisch und Fisch

Desserts

REGISTER

DANKSAGUNG

Mein Dank geht an Marjorie und Didier für ihr Vertrauen und ihre Beratung sowie an Françoise Caille für ihre Hilfe.

Ebenso an Séverine Di Giulio, Natacha Le Jeune und Delphine Imbert für ihre wertvolle Hilfe bei diesem Projekt.

Shopping: Dank an Caroline Gomez, Margot Lhomme céramique und Décoclico.

Bibliografische Information der Deutschen Nationalbibliothek
Die Deutsche Nationalbibliothek verzeichnet diese Publikation in der Deutschen Nationalbibliografie. Detaillierte bibliografische Daten sind im Internet über https://dnb.de abrufbar.

Für Fragen und Anregungen
info@m-vg.de

Wichtiger Hinweis
Ausschließlich zum Zweck der besseren Lesbarkeit wurde auf eine genderspezifische Schreibweise sowie eine Mehrfachbezeichnung verzichtet. Alle personenbezogenen Bezeichnungen sind somit geschlechtsneutral zu verstehen.

3. Auflage 2026

Türkenstraße 89
80799 München
Tel.: 089 651285-0

Übersetzung: Christa Trautner-Suder
Redaktion: Caroline Kazianka
Umschlaggestaltung: Laura Osswald, Catharina Aydemir
Umschlagabbildungen und Abbildungen im Innenteil: Émilie Laraison
Layout: Julia Philipps, inpunkt[w]o
Satz: inpunkt[w]o, Wilnsdorf (www.inpunktwo.de)
Druck: Florjancic Tisk d.o.o., Slowenien
Printed in the EU

ISBN Print 978-3-7423-1258-7
ISBN E-Book (PDF) 978-3-7453-0951-5
ISBN E-Book (EPUB, Mobi) 978-3-7453-0952-2